SIEGBURGER STUDIEN

XVIII

RESPUBLICA-VERLAG SIEGBURG

MAURITIUS MITTLER

I.

ANGESTELLTE DER ABTEI SIEGBURG 1650–1803

II.

DAS BRUDERSCHAFTSBUCH DER JESUS-MARIA-JOSEPH-BRUDERSCHAFT VON ST. SERVATIUS IN SIEGBURG 1747–1843

1986

RESPUBLICA-VERLAG SIEGBURG

CIP-Kurztitelaufnahme der Deutschen Bibliothek

Mittler, Mauritius:
Angestellte der Abtei Siegburg 1650–1803 / Mauritius Mittler.
Das Bruderschaftsbuch der Jesus-Maria-Joseph-Bruderschaft von St. Servatius
in Siegburg 1747–1843.
Siegburg: Respublica-Verlag, 1986.
(Siegburger Studien; 18)
ISBN 3-87710-125-9
NE: Abtei Michaelsberg <Siegburg>; Angestellte der Abtei Siegburg
1650 bis 1803; Jesus-Maria-Joseph-Bruderschaft <Siegburg>:
Das Bruderschaftsbuch der Jesus-Maria-Joseph-Bruderschaft von St. Servatius
in Siegburg 1747–1843; GT

Gedruckt mit Unterstützung des Landschaftsverbandes Rheinland, des Rhein-Sieg-Kreises
und der Stadt Siegburg

Druck: Franz Schmitt, Siegburg
ISBN 3-87710-125-9

ERICO WISPLINGHOFF

EDITORI

DIPLOMATUM SIEGBURGENSIUM

ET AUCTORI

LIBRI ALIARUMQUE COMMENTATIONUM

DE HISTORIA

ABBATIAE SIEGBURGENSIS

TRIBUTUS

INHALTSVERZEICHNIS

VORWORT

Im vorliegenden Band XVIII der „Siegburger Studien“ werden zwei selbständige Arbeiten vorgelegt. In der ersten habe ich versucht, alle Laienkräfte der alten Abtei Siegburg zu erfassen, die in den Standesbüchern der Siegburger Pfarre St. Servatius erwähnt werden. In der Einleitung ist dargelegt, warum diese Auszüge sicher nicht alle erfassen, die in einem Arbeitsverhältnis zur Abtei standen. Dennoch dürften sie eine willkommene Ergänzung zu den kurzen Ausführungen Wisplinghoffs in der „Germania sacra“ sein. Die zweite Arbeit ist ganz schlicht und einfach die genaue Edition einer Quelle des Pfarrarchivs von St. Servatius, die bis vor kurzem nicht bekannt war. In der Inhaltsübersicht, die von dem verstorbenen Prälaten Bers erarbeitet wurde, ist sie nicht aufgeführt. Da Bers alle gebundenen Archivalien unter der Gruppe II einordnete, bekam das Buch die Nr. II,21.

Es erhebt sich die Frage, ob es sich überhaupt lohne, ein solches Bruderschaftsbuch, das ja auf weite Strecken nur Namen enthält, in einer Druckausgabe zu veröffentlichen. Erst die Angaben aus dem beginnenden 19. Jahrhundert enthalten einige wenige zusätzliche Angaben zur Person. Ich glaube darauf mit einem uneingeschränkten Ja antworten zu dürfen. Man schaue sich doch nur einmal die Register an! Wenn da z. B. von Hand des Pfarrers Averdunck, der die Bruderschaft begründete und förderte, fast 1200 meist Siegburger Bürger verzeichnet sind, so dürfte damit fast die ganze Siegburger Bürgerschaft der Mitte des 18. Jahrhunderts erfaßt sein.

Zur Berechtigung der Arbeit über die Abteiangestellten habe ich einiges in der Einleitung zu dieser Untersuchung gesagt. Hier möchte ich noch auf die familiären und freundschaftlichen Verflechtungen dieser häufig aus der Ferne Zugezogenen mit der einheimischen Bevölkerung hinweisen. Immerhin ein Moment, das eine Kleinstadt, wie es Siegburg bis zu Beginn der Neuzeit war, vor einer ungesunden Isolierung bewahrte, die man ja vor allem in abgelegenen ländlichen Bezirken bis in unsere Zeit beobachten konnte.

Man könnte natürlich erwarten, daß die hier vorgelegten Daten weiter untersucht worden wären. Wäre aber damit der Rahmen dieser Veröffentlichung nicht gesprengt worden, die es sich zur Aufgabe setzt, zunächst einmal dem Familien- und Heimatforscher gesicherte Fakten in die Hand zu geben? Erste Versuche, die Daten auszudeuten, werden ja übrigens sowohl in dem Nachtrag zu den Chirurgen, S. 18 ff., vor allem aber in dem Exkurs über die Siegburger Künstler, S. 79 ff., geboten. Es sei aber hier ausdrücklich angemerkt, daß gerade der Exkurs keine letzten Erkenntnisse vermitteln soll, sondern die hier gebotenen Fakten mit einigen anderen Quellen auswertet. Sicher sind Ergänzungen, vor allem aus den Beständen des Hauptstaatsarchivs Düsseldorf möglich.
Ich widme diesen Band Herrn Prof. Dr. Erich Wisplinghoff mit besonderem Dank. Er hat sich in besonderer Weise mit der Geschichte Siegburgs, der Stadt und der Abtei, beschäftigt. Erwähnt seien hier die beiden bisher vorliegenden Bände des Siegburger Urkundenbuches, die, wie der in der Reihe „Germania sacra" veröffentlichte Band über die Abtei Siegburg, seiner Feder entstammen. Dazu kommen mehrere Arbeiten vor allem zur Wirtschaftsgeschichte der Abtei, vornehmlich im 17. und 18. Jahrhundert.
Für vielfältige Hilfe beim Entstehen dieses Buches danke ich ganz herzlich der Siegburger Stadtarchivarin, Frau Dr. Andrea Korte, dem Leiter der Kulturabteilung des Rhein-Sieg-Kreises, Herrn Dr. Hermann-Josef Roggendorf, und dem früheren Siegburger Stadtdirektor, Herrn Dr. Norbert Jakobs.
Dank gebührt ferner den öffentlichen und privaten Geldgebern, die mit einem Zuschuß den Druck ermöglichten. Es sind hier zu nennen der Landschaftsverband Rheinland, der Rhein-Sieg-Kreis, die Kreisstadt Siegburg, die Farbenfabrik Siegwerk und Herr Walter Mundorf, beide Siegburg.
Wie immer, so sage ich auch jetzt wieder Dank Verlag und Druckerei Franz Schmitt in Siegburg für die gute Zusammenarbeit bei der Drucklegung und den hervorragenden Druck dieses Buches.

Siegburg, im November 1986

P. Mauritius Mittler OSB

I. ANGESTELLTE
DER ABTEI SIEGBURG
1650–1803

EINLEITUNG

Unter dem Titel „Niederes Dienstpersonal" kommt Wisplinghoff, S. 63f., kurz auf die in der Abtei beschäftigten Laienkräfte zu sprechen. Daß bereits 1121, UBS I, 34, von Bäckern die Rede ist, ist nach ihm „eine ausgesprochene Rarität. Vollständige Übersichten enthalten erst die Lohnlisten der späteren Kellnereirechnungen (Siegburg Akten 493/9a von 1760/61, 10 von 1770/71, 11 von 1778/79, 12 von 1783/84, 13 von 1790/91 usf.). 1760 waren es 25 Hilfskräfte; ihre Zahl hatte steigende Tendenz. Dem Abt standen davon ein oder zwei Bediente, ein Kutscher, ein Vorreiter, 1790 auch ein Reitknecht und ein Jäger zur Verfügung. Dagegen war ein Konventsdiener nicht ständig vorhanden. Zum Personal gehörten weiter ein Koch, der 1760 sogar als Meisterkoch bezeichnet wird, eine Küchenmagd, ein Kellermeister, ein Küfer, ein Bäcker, Metzger, Gärtner und Gartengehilfe, Sattler, Dachdecker, Schreiner, Schmied, ein oder zwei Jäger, Viehmägde und Arbeitskräfte für den Weinberg."

Bei meiner Beschäftigung mit dem Siegburger Komponisten Sebastian Nepomuk Ries, bzw. dessen verwandtschaftlichen Beziehungen, tauchten auch eine ganze Reihe von Bediensteten der Abtei in den Tauf-, Trau- und Sterbebüchern der Pfarrkirche St. Servatius von Siegburg auf. Dies veranlaßte mich, auch deren Namen und Daten auszuziehen, um so zu den oben von Wisplinghoff angeführten abteilichen Angestellten eine kleine Ergänzung zu bieten. Sicher sind die in den Siegburger Pfarrbüchern auftauchenden Namen nicht vollständig, denn es dürften Angestellte vor ihrem Tod weggezogen sein, ferner sind mehrere Angaben im ältesten Taufbuch, das von 1650 bis 1706 reicht, nicht mehr lesbar. Die meisten Nennungen beziehen sich auf Taufpaten, was wiederum auf eine enge Verwurzelung vieler aus der abteilichen Dienerschaft in der Siegburger Bevölkerung hinweist. Auch Ehen zwischen Angestellten der Abtei und Siegburger Frauen, z.T. aus den ersten Familien sind bezeugt, wenn z.B. der Chirurg Franz Joseph Breunner, der aus dem Schwarzwald stammte, eine Anna Gertrud Curtius heiratete – wobei allerdings bereits knapp vier Monate nach der Hochzeit Kindtaufe gehalten wurde!

Etwa zur gleichen Zeit heiratet der abteiliche Bäcker Ludwig Niesmann Anna Margaretha Dietzgen, Tochter aus alteingesessener Siegburger Familie. Dabei ging es allerdings auch nicht so ganz richtig zu, denn beide heiraten ohne offizielle Überweisung durch den Pfarrer von St. Servatius in der Kölner Pfarrkirche Klein St. Martin. Von dieser Kirche steht übrigens heute nur noch der Turm in der Nähe der Kirche Maria im Kapitol. Ein weiterer Chirurg, Franz Anton Brunner, mit Franz Joseph Breunner verwandt, war mit einer Katharina Gansen verheiratet, die wiederum in der Genealogie von Ries eine Rolle spielt. Sicher stammt aus ihrer Verwandtschaft der ebenfalls Franz Anton heißende Siegburger Pfarrer Brunner, der 1793 starb, und von dem ein großer Teil der alten Pfarrbibliothek stammt.
Der abteiliche Jäger Andreas Vogt war mit Maria Elisabeth Huppelsheuser verheiratet, die ebenfalls aus einer Siegburger Familie stammte, die zu den Honoratioren gehörte.
Besonders ausführlich ist die Eintragung der Eheschließung des Jägers Franz Trappe am 3. Oktober 1718. Da wird uns berichtet, daß er aus Waltrop im Vest Recklinghausen stammt; seine Eltern werden genannt. Seine Frau, Maria Katharina Lohmar, hingegen stammte wiederum aus Siegburg, vom Tönnisberg; auch ihre Eltern werden genannt.
Eine merkwürdige Eintragung findet sich unter dem 28. Januar 1723, wo berichtet wird, daß die Tochter Anna Magdalena des abteilichen Jägers Johann Adam Meister und seiner Frau Christina Maria Dencker getauft wurde, obwohl doch für beide die Anmerkung gilt: *acatholicis*, also nicht-katholisch = lutherisch oder reformiert. Sie stammten, wie ebenfalls vermerkt, aus Hessen. Es wurden also offenbar auch Kinder der wenigen Nichtkatholiken in der Pfarrkirche getauft mangels anderer Möglichkeit. Auch durften offensichtlich Katholiken bei solchen Taufen als Paten fungieren, wie die erwähnten Namen nahelegen.
Die nun folgenden Auszüge aus den Personenstandsbüchern von St. Servatius sollen hier nicht weiter ausgewertet werden, vielmehr mögen sie zur Erforschung der Siegburger Geschichte der beginnenden Neuzeit anregen und beitragen.
Wie oben schon angedeutet, sind die Texte nicht vollständig. Das älteste Tauf- und Ehebuch, das von 1650 bis 1706 reicht, weist zahlreiche Lükken auf; vor allem die letzten Blätter sind nach unten hin sehr defekt. Verschiedentlich ist die Tinte sehr verblaßt und auf dem stark gebräunten Papier kaum noch lesbar. Vielleicht kann da eine Untersuchung mit der UV-Lampe noch einige Texte ans Tageslicht bringen. Ich habe mich

durchgehend mit den Kopien beschäftigt, die sich im Stadtarchiv Siegburg befinden.

Ein weiterer Grund für die Unvollständigkeit der Texte liegt in der Art der Eintragung selbst. So wird z. B. 1663, 11. 12. ein *Carolus, lanio reverendissimi* als Taufpate genannt. 1664, 6. 7. steht nur *Carolus, lanio* und 1670, 20. 8. *Carolus N., slachter auffm Bergh.* Offensichtlich doch immer derselbe Mann, den man nicht als Angestellten der Abtei erkennen würde, wenn die beiden Eintragugen von 1663 und 1670 nicht lesbar wären. Insgesamt achtmal wird der abteiliche Schmied Wilhelm Klingenthal genannt, aber nur bei der ersten Erwähnung 1692, 18. 10. wird er als *Schmied uffm Berg* bezeichnet. Die übrigen Nennungen sind ohne jede Berufsbezeichnung und ebenfalls ohne Hinweis auf seine Beschäftigung in der Abtei. Frappierendstes Beispiel sind die Eintragungen zur Geschichte der Familie Pfefferkorn. Ab 1674 taucht der Name des Sekretärs Pfefferkorn im Taufbuch auf, aber erst am 27. 6. 1678 wird er als *secretarius in monte* bezeichnet. Der Titel *scholtetus in Sigburg, Ewenheim et Moffendorpff* in der gleichen Eintragung weist ebenfalls auf seine Tätigkeit für die Abtei hin, denn Euenheim und Muffendorf waren Abteibesitz. Als *secretarius et scholtetus in Siegburg, Moffendorp et Euenheim* wird er am 15. 3. 1688 tituliert. Sonst werden als Titel entweder *secretarius* oder *scholtetus* verwendet. Als seine Tochter Maria Sibylla am 31. 10. 1715 in Köln heiratet, ist er Prätor. Nur der eine Eintrag vom 27. 6. 1678 bezeichnet ihn ausdrücklich als Sekretär der Abtei. Wenn dieser unleserlich oder verstümmelt wäre, müßten alle Einträge, die über die Familie Pfefferkorn berichten, fehlen. Das ist auch der Grund, daß einige Leute aufgenommen wurden, die nicht sicher als abteiliche Angestellte nachweisbar sind, wie z. B. der Bäcker Servatius, der 1650–52 genannt wird.

Die Liste wurde nach folgenden Gesichtspunkten aufgestellt: Die Berufe sind von Bäcker bis Ziegelbäcker alphabetisch geordnet. Innerhalb der einzelnen Berufe wurde eine streng chronologische Reihenfolge eingehalten. Wenn ein abteilicher Familiare heiratet, oder ihm ein Kind geboren wird, ist der Eintrag vollständig. Wenn er als Taufpate oder als Trauzeuge genannt wird, ist nur der Teil der Eintragung aufgeführt, der seinen Namen nennt. In dem Falle wird in Klammer beigefügt, ob er im Taufbuch (LB) = *liber baptizorem,* oder im Traubuch (LC) = *liber copulatorum,* steht. Einige, vor allem spätere Einträge, finden sich im Sterbebuch (LM) = *liber mortuorum.*

Eintragungen, die der des Lateins Unkundige nicht ohne weiteres verstehen kann, sind in deutscher Übersetzung beigefügt. Öfter vorkommende Ausdrücke sind ein einem „kleinen Glossar“ übersetzt. Dadurch dürfte der Gebrauch eines lateinischen Wörterbuches weitgehend überflüssig sein.

Da auf weitergehende Anmerkungen verzichtet wurde, seien noch die Artikel genannt, die sich in den Heimatblättern des Rhein-Sieg-Kreises mit der Siegburger Familien- und Ortsgeschichte befassen.

Gansen, Peter: Zwei Urkunden der Familie Kneutgen, Siegburg, 13, 1937/4, Ss. 9–11.

– Geschlechterfolgen der Papiermacherfamilie Kissel in Siegburg, 17, 1941/1, Ss. 27–30.

– Missionar Ignatius Pfefferkorn SJ aus Siegburg, 25, 1957/72, 30–31.

Henseler, Paul: Conrad Halm, 32, 1964/86, Ss. 89–92.

Hoederath, Heinrich Theodor: Zur Geschichte der Familie von Bellinghausen . . . 21, 1953/66, Ss. 43–48.

Treptow, Otto: Siegburger Hausnamen . . . 21, 1953/67, Ss. 71–96.

Walterscheid, Josef: Zur Geschichte der Töpferfamilie Knütgen, 13, 1937/3, S. 14.

– Peter Josef Dietzgen . . ., 32, 1964/86, Ss. 82–89.

Öfter zitierte Bücher:

Janssen-Lohmann: Der Weltklerus in den Kölner Erzbistums-Protokollen, ein Necrologium Coloniense 1661–1825, Köln 1935/36 (Janssen-Lohmann).

K. Niederau: Siegburger Konventualen, Anmerkungen, Ergänzungen und Berichtigungen zum Band „Siegburg“ der „Germania Sacra“, Siegb. Stud. XI, Ss. 1–79, Siegburg 1977 (Niederau).

J. Torsy: Der Regularklerus in den Kölner Bistumsprotokollen, 1. u. 2., Stud. z. Köln. Kirchengesch. 18 u. 19, Siegburg 1985 (Torsy).

E. Wisplinghoff: Das Erzbistum Köln, 2. Die Benediktinerabtei Siegburg, Germania Sacra, N.F. 9, Berlin - New York 1975 (Wisplinghoff).

– Urkunden und Quellen zur Geschichte von Stadt und Abtei Siegburg I, Siegburg 1964 (UBS I).

KLEINES GLOSSAR

adolescens, Jüngling, junger Mann
affinis, verwandt, Verwandter
agricola, Bauer
apoplexia, Schlaganfall
baptizatus, getauft
celebs, ledig, unverheiratet
cellerarius, Kellermeister, (Amt im Kloster)
civis, Bürger
colonellus, Colonell, Oberst
commendator, Vermittler, Komtur
concivis, Mitbürger
condicta, zubenannt
conjugatus, verheiratet
conjux, Frau, Gattin, Gemahlin
consul, Bezeichnung des Bürgermeisters in Siegburg
copulatus est, wurde getraut, verheiratet
cujus loco stetit, war Stellvertreter
delirium, Wahnsinn
denuntiationes, Verkündigung einer Hochzeit an drei aufeinander folgenden Sonntagen; s. auch proclamationes
dimissoriales, Überweisung, meist eines Brautpaares an eine andere Kirche
dispensatio, Erlaubnis, Dispens
domicilians, wohnhaft
dominica, Sonntag
ephippiarius, Sattler
e sacro fonte levantibus, aus der Taufe heben, das Patenamt ausüben
frater, Bruder
frater laicus, Laienbruder, Ordensangehöriger ohne Priesterweihe
gemelli, Zwillinge
germanus, leiblich verschwistert, von Kindern einer Mutter gesagt
habitans, wohnhaft
hujatis, hiesig

illegitimus, unehelich geboren
juris utriusque, beider Rechte = des römischen und kirchlichen Rechts
legitimus, ehelich geboren
licentiatus, jemand, der die Lehrbefähigung hat, Vorstufe zum Doktor
magister, Meister
matrimonium contraxerunt, sie schlossen die Ehe
mercatores, Kaufleute, Händler
nauta, navita, Schiffer
nundinarius, Markthändler
omnibus sacramentis extremis, Sterbesakramente: Wegzehrung, Kommunion und Krankensalbung, Letzte Ölung
oriundus, stammend aus oder von
parens, Vater
patrini, Paten
piscator, Fischer
praelatus, Prälat, hier meist Abt
praepositus, Propst, Prior
proclamationes, s. denuntiationes
puerpera, Gebärerin, Mutter
puerperium, Geburt
relicta, alleinstehende Waise oder Witwe
reverendissimus dominus praelatus, hochwürdigster Herr Prälat; Anrede für den Abt
scriba judicii, Gerichtsschreiber
senator, Ratsherr
soror, Schwester
stabularius, Stallknecht
subitanea morte correpta, durch plötzlichen Tod dahingerafft
super bannis dispensati, dispensiert von der Verkündigung
super secundum affinitatis gradum dispensati, dispensiert vom zweiten Verwandtschaftsgrad
susceperunt e baptismo, nahmen aus der Taufe entgegen; waren Paten
tempus clausum, geschlossene Zeit; Advents- und Fastenzeit. In ihr durften keine festlichen Hochzeiten gefeiert werden
tumulatus est, wurde beerdigt
uxor, Frau, Gemahlin
viduus, -ua, Witwer, Witwe
villicus, Gutsverwalter oder -pächter
virtuosus, tugendhaft

BÄCKER (pistor): Bä

1650, 12. 12.: ... Margaretha, uxor Servatii[1] pistoriis ... (LB)

1651, 19. 2.: ... Hildegundis, Matthaei, reverendissimi pistoris uxor. (LB)

– 12. 3.: ... Margaretha, uxor Servatii pistoris. (LB)

– 10. 5.: ... Mattheus, reverendissimi pistor ... (LB)

– 22. 5.: Die 22. Maii baptizata est Maria, filia Balthasaris Halberch, pistoris[2]. Patrini fuerunt: Maria Emondt, Georgii Aldenhovens uxor, et Henricus Knütgen, adolescens.

– 20. 8.: ... Servatius, pistor, civis noster ... (LB)

1652, 5. 5.: ... Mattheus, pistor reverendissimi ... (LB)

– 27. 5.: ... Petrus, Matthaei pistoris reverendissimi filius ... (LB)

– 5. 9.: ... filia Servatii pistoris ... (LB)

1653, 19. 1.: ... Matthaei, pistoris reverendissimi uxor Hildegundis ... (LB)

– 18. 3.: ... Matthaeus Schiffbahn[3], pistor reverendissimi ... (LB)

– 14. 9.: ... Hildegundis, pistoris Matthaei, reverendissimi uxor ... (LB)

1654, 14. 3.: ... Petrus, Matthaei Schiffbahn, reverendissimi pistoris filius ... (LB)

1655, 24. 6.: ... Adolescens Petrus Schwartz, magistri Matthaei Schwartz, pistoris reverendissimi filius. (LB)

1662, 14. 11.: ... adolescens Emundus N., pistor in monte. (LB)

---

[1] Ob der Bäcker Servatius in einem Dienstverhältnis zur Abtei stand, oder sein Handwerk in der Stadt ausübte, geht aus den Angaben nicht hervor.

[2] Das gleiche gilt für den Bäcker Halberg.

[3] Es erhebt sich die Frage, ob der Bäcker Matthäus Schiffbahn und der unten 1655, 24. 6. genannte Matthäus Schwarz nicht eine Person sind. Beide haben einen Sohn Peter. Vielleicht ist Schwarz ein Spitzname, der auf die dunkle Haarfarbe des Bäckers anspielt.

1691, 3. 4.: ... Joannes Mohl, pistor in monte ... (LB)
— 12. 8.: Joannes, illegitimus filius Annae Honrads et Petri auß der Lantzenbach[4], pistoris in monte, baptizatus est. PP.: Joannes Honradt, frater matris, et Maria auß der Lantzenbach, soror patris.
Johannes, der uneheliche Sohn der Anna Honrad und des Peter aus der Lanzenbach, Bäckers auf dem Berg, wurde getauft. Paten: Johannes Honrad, Bruder der Mutter, und Maria aus der Lanzenbach, Schwester des Vaters.
1692, 24. 8.: ... N.N., servus pistoris in monte ... (LB)
1694, 17.11.: ... Joannes Mohl, pistor in monte ... (LB)
1699, 3. 5.: ... Joannes Moll, pistor in monte ... (LB)
1700, ??. 2.: ... Joannes Mohls, pistor in monte ... (LB)
1710, 3.12.: Joannes Gerhardus, filius Matthiae Fischers[5], pistoris, ex Maria Knip, conjuge, baptizatus. PP.: Joannes Gerhardus Fischer, N. Brandt, ephippiarius et Christina Aldenhoven.
1711, 13.10.: ... Matthaeus N., pistor in monte ... (LB)
1713, 31. 1.: ... Ludovicus Niesmann, pistor in monte ... (LB)
1714, 11.11.: ... Ludovicus N., pistor in monte ... (LB)
1715, 22. 1.: ... Ludovicus Niesman, pistor in monte ... (LB)
1717, 27. 1.: Ludovicus Niesman, qui fuit pistor in monte, absque dimissorialibus et absque dispensatione copulatus est[6] Coloniae a domino pastore ad s. Martinum minorem Petro Wirtz[7], qui forte falso fuit informatus, cum Anna Margaretha Dietzgens, filia et parochiana Siegburgensi.
Ludwig Nismann, der Bäcker auf dem Berg war, wurde ohne Überweisung und Erlaubnis in Köln von Peter Wirtz, dem Pastor von Klein St. Martin, der wahrscheinlich falsch unterrichtet war, mit der Siegburger Tochter und Pfarrangehörigen Margaretha Dietzgen getraut.

---

[4] Hennef-Lanzenbach, Rhein-Sieg-Kreis.
[5] Möglicherweise der gleiche Matthias F., der 1728, 7.4. die Witwe Anna Margaretha Schultes heiratet. Dieser ist möglicherweise der Bruder des Malers Johannes Heinrich F. Vgl. hierzu Kün.: 1734, 7.3., sowie Exkurs zu den Siegb. Künstlern, S. 77. Ob er zum Abteigesinde gehörte, geht aus den Angaben nicht klar hervor. Es könnte sein, daß der 1711, 13.10. genannte Matthäus N. mit ihm identisch ist, dann wäre er abteilicher Bäcker gewesen.

1717, 18. 3.: ... cum Maria Knip, uxore Matthiae Fischers pistoris. (LB)

– 14. 11.: Maria Gertrudis, filia Ludovici Neusman ex Anna Margaretha Dietzgen baptizata. PP.: Joannes Georgius Rödel, ephippiarius, Anna Gertrudis Dietzgens, mater puerperae, et Anna Maria Zehnmarck, uxor Godefridi Dietzgen.

1719, 20. 1.: ... Joannes N., pistor in monte ... (LB)

– 28. 3.: Joannes Godefridus, filius Ludovici Niesman ex Anna Margaretha Dietzgen baptizatus. PP.: Joannes Godefridus Dietzgen etc.

1720, 25. 7.: Joannes Jacobus, filius Ludowici Niesman ex Anna Margaretha Dietzgen baptizatus. PP: Joannes Jacobus, filius Godefridi Dietzgen ex Anna Gertrude Zanders, et Maria Catharina Kisel, filia Edmundi Kisel ex Maria Lindlahr.

1726, 18. 4.: Ludovicus Niesman, hiesiger Stadtbürger. (LM)

1727, 22. 4.: Copulatus est Henricus Philippus Osterman, filius Henrici Osterman et Elisabeth Hackenesch conjugum, cum Anna Margaretha Dietzgens, vidua Ludovici Niesman, p.m.

1728, 7. 4.: Copulatus est Matthias Fischer[8] cum Anna Margaretha Schulteis, vidua.

---

[6] Nach der Eintragung zu schließen, führte diese Eheschließung in Köln zu einem handfesten Krach, denn der Pfarrer der Braut, also der Pfarrer von St. Servatius zu Siegburg, war für die Trauung zuständig. Deshalb wird eigens angemerkt, daß die Braut Siegburgerin und Pfarrangehörige sei. Vielleicht steht damit im Zusammenhang, daß N. nach dem Text der Eintragung Bäcker der Abtei war *(fuit)*, er also durch diese Eheschließung sogar seine Stellung verlor.

[7] Nach Janssen-Lohmann, Sp. 1565, wurde er am 6. 10. 1697 zum Priester geweiht. Die Pfarrstelle an Klein-Sankt-Martin übernahm er am 29. 9. 1722. Er starb vor dem 23. 12. 1735.

[8] Vgl. Anm. 5.

BANNERTRÄGER (signifer): Ba

1651, 5. 2.: ... praenobilis dominus Joannes ab Holtz, sub insignis et signis reverendissimi nostri praelati et illustrissimi et gratiosissimi domini nostri rite subordinatus signifer ... (LB)
... der hochadelige Herr Johannes von Holtz, rangmäßig untergeordneter Bannerträger der Wachen und Truppen unseres hochwürdigsten Prälaten und unseres erlauchtesten und gnädigsten Herrn ...

1652, 4. 2.: ... nobilis Joannes ab Holtz, signifer ... (LB)

BOTE (cursor): Bo

1723, 28. 1.: ... Conrado Limburg, cursore montis, cujus loco stetit Georg Dietzgen, civis Siegburgensis. (LB)

1730, 27. 2.: ... Conradus Limburg, cursor in monte. (LB)

BUTLER: Bu

1671, 31. 5.: ... Henricus Walberbergh, botteliner ... (LB)

1673, 16. 8.: ... Joannes Henrich von Walberberg, bottelier ... (LB)

1674, 16. 6.: ... Henricus Walberbergs, bottelier in monte. (LB)

1686, 14. 11.: ... Henricus Wallenberg, bottolioner in monte ... (LB)

1727, 15. 7.: Dominicus Dionysius Hechterman, bottlierer aufm Berg. (LB)

CHIRURG, Wundarzt: Ch

1717, 28. 2.: Anna Maria Ursula, filia Leonardi Hinsberg[1], chyrurgi hic habitantis, ex Catharina N., conjuge baptizata. PP.: Wilhelmus Olligschläger, Anna Maria Elkens, Bonnensis.

1718, 11. 5.: Franciscus Josephus Breunner[2], chyrurgus, oriundus vulgo außm Schwartzwalt, copulatus est cum Anna Gertrude Curtius, filia domini Jacobi Curtius.

– 8. 9.: Franciscus Jacobus, filius Francisci Josephi Breunner ex Anna Gertrude Curtius baptizatus. PP.: Franciscus Berg, dominus Jacobus Curtius et Anna Barbara Curtius, uxor domini Matthiae Aldenhovens.

1719, 17. 1.: Joannes Henricus, filius Leonardi Hinsberg ex Catharina N., conjuge baptizatus. PP.: Joannes Ferber, dominus Henricus Lauterbach quaestor serenissimi electoris Palatini[3], cujus loco stetit Joannes Schmitz, et Mechtildis Bröll, uxor Friderici Saar.

– 18. 7.: ... Franciscus Josephus Breuner, chyrurgus ... (LB)

1720, 29. 4.: Joannes Wilhelmus, filius Leonardi Hinsberg ex N.N. conjuge baptizatus. PP.: Joannes Georgius N., Satteler, Joannes Wilhelmus Olligschläger et Felicis Lieb junioris uxor N.N.

---

[1] Es ist unwahrschinlich, daß fast gleichzeitig drei Chirurgen auf der Abtei tätig waren, nämlich Franz Josef Brunner, (Ferdinand) Anton Brunner und der hier und später öfters erwähnte Leonhard Hinsberg. Er vertritt aber am 11. 1. 1730 den Propst Ferdinand von Kessel von St. Cyriak bei Overath als Taufpate. Lag hier eine freundschaftliche Bindung vor, oder bestand eine berufliche Beziehung zur Abtei oder zur Propstei? Die Quellen beantworten diese Frage nicht.

[2] Er kam, wie unsere Eintragung weiter sagt, aus dem Schwarzwald. Am 26. 9 1723 wird ein Rudolf Ferdinand Brunner als Pate erwähnt, der aus „Neistetten, Schwartzwalt" stammt. Damit ist wahrscheinlich Neustadt, heute Titisee-Neustadt, gemeint. In welchem Verwandtschaftsverhältnis er zu Franz Josef B. steht, ist aus unseren Quellen nicht zu ermitteln. Aus unseren Unterlagen läßt sich ebenfalls nicht erschließen, welche verwandtschaftliche Bindung zu dem ebenfalls als Wundarzt fungierenden (Ferdinand) Anton Brunner besteht, der am 16. 10. 1729 erstmals hier genannt wird.

[3] Kurfürst von der Pfalz.

– 8. 9.: ... Gertrudis Curtius, uxor chyrurgi Breuner. (LB)
– 28. 9.: Anna Gertrudis Josepha, filia Francisci Josephi Breuner ex Anna Gertrude Curtius baptizata. PP.: Dominus Jodocus Josephus Proff[4], canonicus Bunnae, Gertrudis Bender, uxor domini Conradi Georgii Venn[5], uxor Henrici Curtius.
1723, 18. 5.: Joannes Jacobus Brunner ex Francisco Josepho Brunner et Anna Gertrude Curtius conjugibus. PP.: Jacobo Merten Bonnensi, Joanne Georgio Dengel[6] et Anna Catharina Aldenhoven.
– 8. 8.: Maria Magdalena ex Leonardo Hinsberg et Anna Catharina Bornheims conjugibus. PP.: Maria Elckens, dicta Hochhausen, et Magdalena Elkens et Joanne Brock.
– 1. 9.: ... Francisco Josepho Brunner ... (LB)
1725, 26. 5.: ... Franciscus Breuner ... (LB)
1726, 3. 5.: Joannes Petrus Fridericus, filius Francisci Josephi Brünner, chirurgi in monte, et Annae Gertrudis Curtius conjugum. PP.: Joannes Fridericus Aldenhoven, Petrus Odendal et Anna Catharina Kambs.
– 26. 6.: Maria Irmina, filia Leonardi Hinsberg, chirurgi, et Catharinae Bornheim conjugum. Patrini: Joannes Michael Koüth, Maria Margaretha Baums et Irmina Schmitz.
– 9. 7.: Maria Irmina, filia Leonardi Hinsberg, chirurgi, et Catharinae Bornheim conjugum. (LM)
– 20. 8.: Joannes Jacobus, filius Francisci Josephi Breuner et Annae Gertrudis Curtius conjugum. (LM)
1727, 13.10.: Joannes Conradus, filius Leonardi Hinsberg et Catharinae Bornheims conjugum. PP.: Reverendus dominus Conradus Hochhausen[7], vicarius ad s. Remigium Bonnae, dominus Joannes Schmitz, senator, et Mechtildis Gelen, condicta Lammertz.

---

4 Nach Janssen-Lohmann, Sp. 1143, geboren in Menden, wurde Kleriker am 26. 3. 1717. War Kanoniker am Kassius-Stift zu Bonn.
5 Nach Lau, S. 222, von 1715 bis 1723 Bürgermeister in Siegburg.
6 S. unter Maurer.
7 Stammte nach Janssen-Lohmann, Sp. 624, aus Heppendorf, Kr. Bergheim/Erft; wurde am 28.4.1699 zum Priester geweiht. Führte nach den dortigen Angaben ein recht unstetes Leben, wird suspendiert und soll sich 1715 einem Examen stellen oder resignieren. Dort keine weiteren Angaben. So könnte unsere Eintragung eine kleine Ergänzung zu seinem Leben sein.

1728, 15. 8.: Baptizata est Isabella Margaretha Joanna Brunners, Francisci Josephi Brunner et Annae Gertrudis Curtius conjugum filia legitima. PP.: Isabella Agnesa Innocentia, nata baronessa de Stein, Eva Margaretha Aldenhovens, dicta Crumbachs, et Matthias Fischer.

1729, 16. 10.: ... plurimum reverendus et perillustris dominus Wolfgangus Michael liber baro de Kolb[8], capitularis in monte Sigbergensi, cujus loco ad sanctum fontem stetit Antonius Breuner[9], chyrurgus.

1730, 11. 1.: ... Plurimum reverendus et perillustris dominus Franciscus Ferdinandus liber baro de Kessel[10], praepositus ad s. Cyriacum, cujus loco stetit Leonardus Hinsberg, chyrurgus ... (LB)

– 18. 10.: Catharina Elisabeth Hinsbergs, Leonardi Hinsberg et Catharinae Bornheims conjugum filia legitima baptizata est. PP.: Catharina Elisabeth Nobis, dicta Brauns, villica im Newen Hoff, cujus loco stetit Joanna Catharina Kusters, Elisabetha Schumachers, dicta Schefers ex Mülldorf[11], et Joannes Henricus Ostermann.

1731, 27. 7.: Franciscus Anthonius Brunner[12], domini Anthonii Brunner, chyrurgi in monte, et Catharinae Gansens conjugum filius legitimus baptizatus est. PP.: Reverendissimus et gratiosus dominus Franciscus Bernardus liber baro de Westrem[13], abbas

---

[8] Vgl. Wisplinghoff, S. 196; war nach Niederau, SS. XI, S. 40 ab 1733 Propst von Hirzenach. Er starb am 11.2.1735. Geboren wurde er am 22.9.1703 zu Wassenach bei Andernach.

[9] S. Anm. 2.

[10] Vgl. Wisplinghoff, S. 187 (Borman), u. Niederau, SS. XI. S. 20f.

[11] Siegburg-Mülldorf, St. Augustin, Rhein-Sieg-Kreis.

[12] Der spätere Pfarrer von Siegburg. Er wurde am 2.11.1755 zum Priester geweiht (Janssen-Lohmann, Sp. 185). Als Pfarrer der Filialkirchen Merzenich und Langendorf, Kr. Euskirchen, die er am 18.3.1756 erhielt, wurde ihm vom Zülpicher Propst Zolner von Brandt ein Buch geschenkt: Seidelius, Triumphierende Tugend. Dies geht aus einer Eintragung hervor, die sich auf dem Vorderdeckel des Buches befindet (SS. XIV, C 4, S. 84). Am 4.9.1758 wurde er Pfarrer von Niederpleis. Als solcher verfaßte er ein Andachtsbüchlein zu Ehren Annos (SS. XIV, E 18, S. 102). Pastor von Siegburg wurde er am 29.9.1783. Dort starb er am 13.7.1793. Sein Nachfolger Franz Bernhard Zopus machte folgende Eintragung ins Siegburger Totenbuch: *15. 7. plurimum reverendus et doctissimus dominus Franciscus Antonius Brünner, pastor Siegburgensis, sepultus est.* Von ihm stammt ein großer Teil der alten Pfarrbibliothek.

[13] Vgl. Wisplinghoff, S. 173, u. Niederau, SS. XI, S. 12f.

Siegbergensis, cujus loco stetit ad sanctum fontem Joannes Henricus Meys, cubicularius reverendissimi, et Anna Gertrudis Curtius, cujus loco stetit Barbara Curtius, dicta Aldenhovens.

1732, 14. 4.: ... et Antonio Brunner. (LB)

– 1.10.: ... et domino Francisco Josepho Brünner. (LB)

1733, 15. 2.: Joannes Wilhelmus[14], filius domini Antonii Brünner et Catharinae Gansens; levantibus domino Joanne Wilhelmo Frantzen, Joanne Bosderbach et Agnete Schops, condicta Flachs.

– 8.12.: Joannes Sebastianus, gemellus filius Leonardi Hinsberg et Catharinae Bornheims; levantibus Joanne Sebastiano Schumacher et Anna Gertrude Camps, condicta Rütgers. Henricus, gemellus filius dictorum parentum; levantibus Henrico Arnoldo Textoris et Anna Christina Schumachers.

1734, 23.10.: Maria Anna Ludovica Ferdinanda, filia Ferdinandi Antonii Brunner et Catharinae Gansens; levantibus perillustri domina, domina Maria Anna von Geldre, et Wilhelmo Ludovico de Hagen[15], quorum vices suppleverunt Eva Catharina Dellere et Ernestus Christianus Birckelman.

– 29.10.: Maria Anna Ludovica Ferdinanda, infans Ferdinandi Antonii Brunner. (LM)

1735, 8. 9.: Joannes Sebastianus, filius Leonardi Hinsberg, chirurgi. (LM)

– 14.10.: Arnoldus, filius Leonardi Hinsberg. (LM)

1736, 20. 1.: Philippus Antonius, filius domini Antonii Brunner et Catharinae Gansen; e sacro fonte levantibus Antonio Kneutgen, scabino, et Philippo Fetten, cujus ultimi loco stetit Wilhelmus Franzen, et Christina Mullers, condicta Bergs.

1737, 20. 1.: ... testibus: Antonio Brünner ... (LC)

– 16. 9.: ... testibus: Antonio Brünner ... (LC)

– 1.12.: Georgius Josephus, filius Antonii Brunner et Catharinae Jansens; levantibus e sacro fonte reverendissimo

---

[14] Wurde 1760 Laienbruder in der Abtei Siegburg. Dort starb er am 22. 3. 1793 im 33. Jahr seiner Profeß. Die Eintragung im Totenbuch von St. Servatius Siegburg lautet: *In hujatae perillustri abbatia catarrho suffocativo tactus subitanee obiit charissimus frater meus Joannes Wilhelmus Brunner, in eodem abbatia professus laicus, aetatis 61. et professionis religiosae 33.* Vgl. auch Wisplinghoff, S. 235, u. Niederau, SS. XI, S. 73.

[15] Vgl. Wisplinghoff, S. 185, u. Niederau, SS. XI, S. 27. Er wird 1747 auch Mitglied der Jesus-Maria-Josef-Bruderschaft. S. 129.

domino Georgio Christophoro de Hagen[16], perillustris abbatiae Siegburgensis coadjutore, cujus loco stetit Franciscus Josephus Brunner, et perillustri domina de Belven, cujus loco stetit Christina Jansens.

1739, 24.10.: ... domino Francisco Josepho Brunner ... (LB)

– 18.11.: Maria Sophia Margaretha, filia Antonii Brunner et Catharinae Jansens; levantibus e sacro fonte Sophia Busterbachs, Margaretha Völlers, quarum loco stetit Agnes Schops, et Joanne Wilhelmo Franzen.

1741, 29. 8.: Sophia Christina, filia Antonii Brunner et Catharinae Jansens; e sacro fonte levantibus Christina Laembgen, Sophia Laembgen et Bertramo Franzen.

1742, 15. 9.: ... testibus Antonio Brunner ... (LC)

1744, 29. 4.: Wilhelmus Ludovicus Ferdinandus Josephus, filius Antonii Brunner et Mariae Catharinae Gansen; e sacro baptismatis fonte levantibus reverendo ac illustri domino Wilhelmo Ludovico ab Hagen[17], hujus abbatiae cellerario, Josepho de Freiden et Cordula Ahlmans.

– 13. 7.: Infans Antonii Brunner. (LM)

– 4.10.: ... testibus ... et Leonardo Hinsberg. (LC)

1745, 10. 8.: Baptizata est Maria Margaretha, filia Antonii Brunner et Mariae Catharinae Jansens; e sacro fonte levantibus Maria Margaretha Brachschoss et Joanne Adolpho Grein.

– 12. 9.: ... testibus Leonardo Hinsberg ... (LC)

– 27.11.: ... cujus loco stetit dominus Franciscus Brunner ... (LB)

1746, 4. 8.: ... testibus Leonardo Hinsberg ... (LC)

– 5. 8.: Infans Antonii Brunner. (LM)

1747, 30. 3.: ... testibus Leonardo Hinsberg ... (LC)

– 30. 9.: ... et Leonardo Hinsberg. (LC)

1748, 16.12.: Baptizata est Maria Francisca Theresia, filia Antonii Brunner et Catharinae Josephae Jansens; e sacro fonte levanti-

[16] Vgl. Wisplinghoff, S. 173, u. Niederau, SS. XI, S. 13. Nach dem Rücktritt des Abtes Franz Bernhard von Westrem am 25.1.1735 wurde er am 31.1.1735 vom Kölner Erzbischof Clemens August mit der Verwaltung der Abtei beauftragt, nachdem ihn das Kapitel der Siegburger Mönche am 25.1. zum Administrator gewählt hatte. Zum Abt gewählt wurde er am 4.3.1742. Er starb am 11.4.1762 im Alter von 52 Jahren.

[17] Vgl. Wisplinghoff, S. 185, u. Niederau, S. 27. War der Bruder des Anm. 16 erwähnten Abtes Georg Christoph von Hagen. Wurde 1746 Propst von Oberpleis und starb am 25.3.1750 in Köln, wo er in der Kapelle des Siegburger Hofes beerdigt wurde.

bus domino Francisco Xaverio Grabler, medicinae doctore, cujus loco stetit Franciscus Josephus Brunner, et Maria Francisca Kneutgens.

1752, 3. 11.: Infans domini Brunner. (LM)

1754, 4. 5.: Antonius Brunner omnibus sacramentis extremis munitus. (LM)

1756, 5. 9.: Franciscus Josephus Brunner omnibus sacramentis extremis munitus. (LM)

1762, 4. 5.: ... testibus Leonardo Hinsberg ... (LC)

1764, 10. 1.: Copulatus est Wilhelmus Halm viduus cum Catharina Elisabetha Hinsbergs vidua; testibus N. Halm et Matthia Kissel.

1772, 14. 1.: Sepulta est vidua Hinsberg. (LM)

1786, 1. 10.: Gertrud Curtius, vidua domini Francisci Brunner. (LM)

NACHTRAG CHIRURG: Ch. N.

Petrus Ferdinandus Brunner, geb. 23. 1. 1728 in Wermelskirchen. Vielleicht Sohn des Ferdinand Anton Brunner und der Katharina Jansen (Gansen).

Seine spätere Frau:

1730, 15. 10.: Anna Margaretha Hüppelshausers, Berchtoldi Huppelshauser et Anna Mariae Curtius conjugum filia legitima baptizata est. PP.: Anna Margaretha Schieffelbüsch, dicta Kochs, villica aufm Flügelhof, Gertrudis Marx, dicta Kissels, et Foelix Lieb.

Heirat:

1757, 16. 11.: Copulatus est Ferdinandus Brunner cum Anna Margaretha Huppelsheusers, habita dispensatione super denuntiationibus; testibus domino Tilmanno Dietzgen et Petro Bodene. Getraut wurde Ferdinand Brunner mit Anna Margaretha Huppelsheuser nach vorausgegangener Dispens von den Proklamationen. Zeugen waren Herr Tillmann Dietzgen und Peter Bodene.

Ihre Kinder:

1758, 23. 11.: Baptizatus Georgius Christophorus Carolus, filius Ferdinandi Brunner et Mariae Margarethae Huppelsheuser; levante reverendissimo Georgio Christophoro ab Hagen[18] et Carolina Tils.

---

[18] Vgl. Anm. 16.

1760, 2.10.: Baptizata est Anna Gertrudis, filia Ferdinandi Brunner et Annae Margarethae Huppelsheusers; e sacro fonte levantibus domino Antonio Stein, juris utriusque licentiato, et Anna Gertrude Burgsers.

1762, 2.11.: Baptizatus est Henricus Godefridus, filius Ferdinandi Brunner et Maria Margarethae Huppelsheusers; e sacro fonte levantibus illustrissimo domino praelato Henrico Godefrido de Schaumberg[19] et domina Brigitta Kerich, nata Klocken.

1764, 10. 8.: Baptizatus Franciscus Josephus, Ferdinandi Brunner et Margarethae Hüppelsheusers legitimus filius; levantibus plurimum reverendo et perillustri domino Josepho libero barone de Wentz[20], capitulari Siegbergensi, et Francisca Saur, nata Strunck.

1767, 16. 6.: Baptizata est Maria Isabella Wilhelmina, filia domini Petri Ferdinandi Brunner et Annae Margarethae Huppelsheuser; e sacro fonte levantibus Isabella Brunner et fratre laico hujatis abbatiae domino Wilhelmo Brunner[21].

1770, 22. 6.: Baptizata est Maria Sybilla Francisca Brunner, filia legitima domini Petri Ferdinandi Brunner et Margarethae Huppelsheusers; levantibus ut patrinis reverendo domino Francisco Antonio Brunner[22], pastore in Niderpleis, cujus loco stetit Fridericus Huppelsheuser, et Maria Sybilla Dorells, condicta Schwaben, cujus loco pariter stetit Jacobina Brunners.
Getauft wurde Maria Sibilla Franziska Brunner, eheliche Tochter des Herrn Peter Ferdinand Brunner und der Margaretha Huppelsheuser. Als Paten hoben sie aus der Taufe Herr Franz Anton Brunner, Pastor in Niederpleis, dessen Stelle vertrat Friedrich Huppelsheuser, und Maria Sibilla Dorell, genannt Schwaben, deren Stelle Jakobina Brunner vertrat.

---

19 Vgl. Wisplinghoff, S. 173f., u. Niederau, S. 13. Geb. am 7.7.1714; Eintritt in die Abtei 1735; Wahl zum Abt am 28.4.1762; starb am 2.9.1779 und wurde in der Abteikirche beerdigt.

20 Vgl. Wisplinghoff, S. 196, u. Niederau, S. 41. Geb. am 8.11.1723; trat in die Abtei 1744 ein; ist 1777 als Propst von Hirzenach bezeugt; starb am 16.4.1782. Vermutlich ist der Vorname Josef in unserer Quelle ein Verschreib- oder Hörfehler, denn sonst immer Johann Maria Philipp.

21 Vgl. oben Anm. 14.

22 Vgl. oben Anm. 12.

1774, 7. 4.: Baptizata est Maria Theresia Margaretha Josepha Brunners, filia legitima Ferdinandi Brunner et Annae Margarethae Huppelsheusers; levantibus ut patrinis reverendo et perillustri domino Gerardo von Groitenhuis[23], cellerario perillustris abbatiae Siegburgensis, et Maria Theresia Margaretha Saurs.

Petrus Ferdinandus Brunner wird noch als Taufpate genannt: 1760, 20.6.; 1765, 17.4.; 1767, 23.11.; 1768, 13.3.; 1786, 8.6.; 1798, 12.4. und 1799, 23.10.

1786, 8.6. wird er als *consul Siegburgensis* bezeichnet. Dieses Amt des Bürgermeisters hatte er nach Lau von 1778 bis 1781 inne.

Das Ehepaar Brunner starb im Abstand von 2½ Jahren Anfang des 19. Jahrhunderts. Dort finden sich im Sterbebuch von St. Servatius folgende Eintragungen:

1813, 12. 3.: Dominus Petrus Ferdinandus Brunner obiit hora 6. vespertina, 23. Jan. 1728 natus in Wermelskirchen, hic in annum 54. conjugatus, chyrurgus expertissimus et hujatis civitatis consul, qui 15. hujus in coemeterio sepultus est aetatis 86to.
Zur 6. Abendstunde verstarb Herr Peter Ferdinand Brunner, der am 23. 1. 1728 in Wermelskirchen geboren war. Er war hier im 54. Jahr verheiratet, ein sehr erfahrener Chirurg und Bürgermeister unserer Stadt. Am 15. des Monats wurde er auf dem Friedhof beerdigt im 86. Lebensjahr.

1815, 23.10.: Hora 8. matutina (mortua), 25. ejudem mensis (sepulta) Margaretha Huppelshäuser, vidua domini Ferdinandi Brunner ex civitate, aetatis 85 annorum.

Ob der Chirurg Peter Ferdinand Brunner, wie die beiden älteren, Franz Josef und Anton Brunner, wohl Vater und Onkel, seine Tätigkeit in der Abtei ausübte, geht aus den Eintragungen nicht klar hervor. Seine Beziehungen zur Abtei waren aber so eng, daß man eine auch berufliche Bindung wenigstens vermuten darf. Öfter waren Mönche[24], zweimal sogar der Abt[25], Taufpate seiner Kinder.

Von seinen sieben Kindern traten nach unseren Quellen zwei in die Fußstapfen des Vaters. Sie wurden sogar mehr als ihr Vater, nämlich Dokto-

---

[23] Vgl. Wisplinghoff, S. 199, u. Niederau, S. 44 f. Eintritt in die Abtei 1758, ab 1771 als Kellner und Küchenmeister bezeugt; starb am 24. 8. 1778.

[24] 1764, 10. 8.; 1774, 7. 4.; 1767, 16. 6.

[25] 1758, 23.11.; 1762, 2.11.

ren der Medizin, während zu dieser Zeit der Chirurg mehr ein Gehilfe des Arztes war.

Der am 2. 11. 1762 geborene Henricus Godefridus wird am 22. 5. 1800 Pate eines Neffen gleichen Vornamens. Er wird dort als *medicinae doctor* bezeichnet. Da ihn bei der Taufe sein Schwager Peter Josef Cremer, der Mann seiner Schwester vertritt, wohnte er wohl nicht in Siegburg, sondern hatte seine Praxis anderswo.

Über den 1764 geborenen Franz Josef Brunner findet sich folgende Eintragung zu seiner Heirat:

1795, 18. 3.: Dispensati super tribus proclamationibus et tempore clauso copulati sunt expertissimus dominus Franciscus Josepus Brunner, domini Ferdinandi Brunner et Margarethae Hüppelsheuser filius legitimus, 10. Aug. 1764 hic baptizatus, medicinae doctor promotus, et domicella Maria Constantia Walburgis Wolters, domini Francisci Adami Wolters et Mariae Franciscae Kneutgens filia legitima, 27. Aprilis 1767 hic baptizata; praesentibus testibus domino Ferdinando Brunner, hujus civitatis consule, et domino Francisco Wolters, hujatis judicii scribae.

Nach Dispens von den drei Proklamationen und der geschlossenen Zeit wurden getraut der sehr erfahrene Herr Franz Josef Brunner, promovierter Doktor der Medizin, ehelicher Sohn des Herrn Ferdinand Brunner und der Margarethe Hüppelsheuser, der am 10. August 1764 hier getauft wurde, und das Fräulein Maria Konstantia Walburgis Wolters, eheliche Tochter des Herrn Franz Adam Wolters und der Maria Franziska Kneutgen, die am 27. April 1767 hier getauft wurde. Als Zeugen waren anwesend Herr Ferdinand Brunner, Bürgermeister dieser Stadt, und Herr Franz Wolters, hiesiger Gerichtsschreiber.

DIENER, Knecht (famulus, servus): Di

1657, 31. 1.: ... Petrus Kalstorpff, famulus domini prioris Bellinghausen[1]. (LB)

– 27. 4.: ... Jacobus, famulus hortulani im Newen Hoff. (LB)

1686, 9. 6.: ... Joannes Wolfgangus N., servus pro tempore perillustris domini de Auwach[2], cellerarii in monte. (LB)

1687, 6. 11.: Maria Catharina, illegitima filia Christinae N., des Sebergers ? Dochter, baptizata est. Parens, ut illa fatetur, servus hortulani in monte. Patrini fuerunt parens puerperae cum Maria im Gartenhüsgen et Catharina sorore puerperae.
Getauft wurde Maria Katharina, die uneheliche Tochter der Christina N., des Sebergers ? Tochter. Der Vater des Kindes sei nach ihren Angaben der Knecht des Gärtners auf dem Berg. Paten waren der Vater der Mutter mit Maria im Gartenhäuschen und Katharina, Schwester der Mutter.

1696, 29. 1.: Duo gemelli filii Joannis Horn, famuli in Villa Nova, ex Veronica conjuge baptizati sunt, quorum primus vocatus Wilhelmus, cujus patrini Wilhelmus Nobis, villicus cum famulo et ancilla; alter vocatus Antonius, cujus patrini duo famuli in praedicta villa cum famula. Ambo obierunt.
Zwei Zwillingssöhne des Johannes Horn, Knechts auf dem Neuenhof, von seiner Frau Veronika wurden getauft. Der erste hieß Wilhelm. Seine Paten waren der Hofesverwalter Wilhelm Nobis zusammen mit einem Knecht und einer Magd. Der zweite hieß Antonius. Seine Paten waren zwei Knechte und eine Magd. Beide starben.

1707, 24. 6.: ... Servatius Dillinger[3] ... (LB)

1708, 18. 8.: ... Servatius Dillinger ... (LB)

---

[1] Johann Bertram v. B.; vgl. Wisplinghoff, S. 179, u. Niederau, S. 19.

[2] Philipp Christoph v. A.; vgl. Wisplinghoff, S. 198, u. Niederau, S. 44.

[3] Servatius Dillinger und der unten mehrfach genannte Servatius Dünninger müssen eine Person sein. Dillinger beruht offensichtlich auf einem Hörfehler.

1710, 20. 2.: Servatius Dünniner, famulus reverendissimi praelati etiam Coloniae cum dimissorialibus copulatus est cum Caecilia Lambertz, filia Henrici Lambertz et Catharinae Fetweis.

1711, 27. 1.: Joannes Henricus, filius Servatii Düninger ex Caecilia Lambertz baptizatus. PP.: Joannes Fischer, cujus loco stetit Christianus Fedweis, Henricus Lambertz, parens puerperae, et quaedam mulier ex Meindorff[4], cujus loco stetit Margaretha Fedweis, uxor Gerhardi Fischers.

Johannes Heinrich, der Sohn des Servatius Düninger und der Cäcilia Lambertz wurde getauft. Paten: Johannes Fischer, dessen Stelle vertrat Christian Fedweis, Heinrich Lambertz, der Vater der Mutter, und eine Frau aus Meindorf, deren Stelle vertrat Margaretha Fedweis, die Frau des Gerhard Fischer.

– 21. 2.: ... Joannes Petrus Demmer, faber ferrarius et servus in monte ... (LB)

– 19. 3.: ... Conradus Honrad, servus hortulani ... (LB)

– 20. 9.: ... Servatius Düninger ... (LB)

1712, 23. 8.: Joannes Daniel, filius Servatii Düninger ex Caecilia Lambertz baptizatus. PP.: Daniel Bertrams, Matthias Carnes et Anna Catharina Bertrams, filia Matthiae Bertrams. Eodem die mater pueri mortua est in puerperio.

Johannes Daniel, Sohn des Servatius Düninger von der Cäcilia Lambertz wurde getauft. Paten: Daniel Bertram, Matthias Carnes und Anna Katharina Bertram, die Tochter des Matthias Bertram. Am gleichen Tag starb die Mutter des Knaben bei der Geburt.

1713, 10. 1.: Servatius Düninger, viduus, copulatus est in Berchem[5] cum Anna Catharina Billig, vidua Joannis Schwartz, civis Bonnensis.

– 20. 5.: ... Arnoldus Doupri, servus hortulani reverendissimi ... (LB)

1714, 28. 10.: ... Anna Catharina Billig, relicta vidua Servatii Düningers ... (LC)

1716, 22. 1.: Christianus Staell, Georgii Staell, quondam civis hujatis, et Margarethae Klein relictus filius, copulatus est cum Margaretha Contzen, Christiani Contzen et Sophiae Rosbach, quondam habitantium in Bostorff[6] relicta filia.

---

[4] St. Augustin-Meindorf, Rhein-Sieg-Kreis.

[5] Troisdorf-Bergheim, Rhein-Sieg-Kreis.

[6] St. Augustin-Buisdorf, Rhein-Sieg-Kreis.

1718, 14. 2.: Maria Gertrudis, filia Christiani Stahl, servi reverendissimi[7], ex Margaretha Contzen conjuge baptizata. PP.: Petrus Muller, tegularius, Gertrudis Curtius, filia domini Jacobi Curtii, et Elisabeth Contzen, soror puerperae.

1721, 16. 12.: ... Christianus Stahl, servus reverendissimi praelati[7]... (LB)

1725, 2. 3.: Petrus Walterscheid, famulus villici im Newen Hoff. (LM)

– 7. 3.: Severinus Brochhausen, famulus villici im Newen Hoff. (LM)

– 22. 4.: Barbara Klein, famula in monte. (LM)

1727, 22. 3.: Rutgerus Eppinghoven, famulus reverendissimi domini abbatis[7]. (LM)

– 25. 11.: Copulatus est Conradus Honrath viduus cum Anna Christina Bachmans, filia Joannis Bachman et Annae Christina Rothlanders conjugum.

1728, 13. 1.: Joannes Kogeman, famulus in monte. (LM)

– 18. 1.: Maria Catharina Hohnraths, Conradi Hohnrath et Annae Christinae Bachmans filia legitima. PP.: Catharina Kissels, Catharina Schumachers ex Valle Felici[8], et dominus Adolphus Hohnrath[9], pastor in Geistingen[10], qua mandans.

1729, 9. 3.: Obiit Christianus Stahl, sanctissimis sacramentis munitus, reverendissimi domini liberi baronis de Westrem[11] a stabulas famulus.

1731, 31. 7.: Anna Catharina Mechtildis Honraths, Conradi Honrath et Annae Christinae Bachmans[12] conjugum filia legitima baptizata est. PP.: Catharina Elisabetha Scholastica Thals, dicta Textoris, Anna Mechtildis Offermans, dicta Schulmeisters, et Joannes Theodorus Linden.

1735, 31. 5.: Anna Christina Theresia, filia Conradi Honrath et Christinae ...; levantibus Anna Christina Theresia Scheiffers, Anna Catharina Schleusgen et Wernero Kneutgen.

---

[7] Abt war Franz Bernhard von Westrem.

[8] Siegburg-Seligenthal.

[9] Nicht Janssen-Lohmann.

[10] Hennef-Geistungen, Rhein-Sieg-Kreis.

[11] Vgl. Wisplinghoff, S. 173, u. Niederau, S. 12.

[12] Ob sie Bachmann oder, wie unten 1739, nur Bach hieß, läßt sich nach unseren Unterlagen nicht klären.

1739, 8. 6.: Anna Catharina, filia Conradi Honrath et Annae Christinae Bachs; levantibus e sacro fonte Anna Aldenhovens, condicta Claesen, Anna Catharina Bilgers, condicta Harths, et Jacobo Dederichs.

1748, 26. 1.: ... e sacro fonte levantibus Petro Zingeler ... (LB)

1750, 3. 3.: Petrus Zingeler, famulus domini praepositi de Hagen[13]. (LM)

1762, 20. 5.: Famulus ex monte omnibus sacramentis extremis munitus. (LM)

1786, 31. 10.: Praemissis proclamationibus copulati sunt honesti Wilhelmus Winter ex Menden et Elisabetha Probo Siegburgensis; testibus Paulo Stockum et Wilhelmo Fushöller.

1787, 29. 1.: Baptizata Anna Maria, Wilhelmi Winter et Elisabethae Probo; levantibus Anna Maria Frembgens dicta Schwätzgens, et Matthia Georgio Harth.

1788, 29. 12.: Baptizata Thecla, Wilhelmi Winter et Elisabethae Probo legitima filia; levantibus Thecla Dietzgens, dicta Schmitz, et Francisco Strunck.

1791, 18. 5.: Baptizatus Laurentius, Wilhelmi Winter et Elisabethae Probo legitimus filius; patrinis Laurentio Brambach et Anna Sybilla Winters.

1792, 27. 9.: Baptizata Helena, Wilhelmi Winter et Elisabethae Probo legitima filia; patrinis Helena Mols, dicta Schwertzgen, et Godefrido Schwertzgen.

1796, 19. 4.: Obiit sacris sacramentis munitus et 20. ejusdem sepultus est honestus vir Wilhelmus Winter, conjugatus famulus hujatis perillustris abbatiae, circiter 60-genarius.
Mit den heiligen Sakramenten gestärkt starb der ehrbare Mann Wilhelm Winter, verheirateter Diener der hiesigen erlauchten Abtei im Alter von etwa 60 Jahren. Beerdigt wurde er am 20. des Monats.

1799, 15. 8.: Thecla Winter obiit subitanea morte correpta et 16. hujus sepulta est, viduae Wilhelmi Winter, natae Probo, filia decennis.

1802, 30. 11.: ... et Helena Reufstecker. (LB)

---

[13] Wilhelm Ludwig, Propst von Oberpleis, vgl. Wisplinghoff, S. 185, u. Niederau, S. 27.

1804, 10. 12.: ... Anna Helena Röfstecken, ancilla apud hujatem hortulanum Bodene. (LB)

1806, 15. 7.: ... et Anna Margaretha Rheindorf, ancilla in hujate abbatia. (LB)

– 14. 11.: Super bannis dispensati matrimonium contraxerunt coram me pastore[14] Henricus, Michaelis Klein et Elisabethae Zimmermanns filius legitimus, 22. Martii 1774 hic baptizatus, famulus in hujate monte, et Ursula, Bernardi Büsgen et Annae Catharinae Degen filia legitima, baptizata in Menden, vidua Henrici Uckerath, domicilianti sub Nro. 270 in Driesch. Testes fuere Joannes Büsgen, agricola, et Joannes Felder, nauta, ambo ex Driesch.

Nach Dispens von der öffentlichen Vermeldung schlossen vor mir dem Pastor die Ehe Heinrich, der eheliche Sohn des Michael Klein und der Elisabeth Zimmermann, hier getauft am 22. März 1774, Diener auf dem hiesigen Berg, und Ursula, die eheliche Tochter des Bernhard Büsgen und der Anna Katharina Degen, getauft in Menden, Witwe des Heinrich Uckerath, wohnhaft in Nr. 270 auf dem Driesch. Zeugen waren der Bauer Johannes Büsgen und der Schiffer Johannes Felder, beide vom Driesch.

– 20. 12.: Maria Elisabeth Probo, vidua Wilhelmi Winter, obiit circa horam 9. matutinam sanctissimis sacramentis munita in hujate hospitali, 4. Julii 1761 hic baptizata, 31. 10. 1786 copulata et 22. Decembris sepulta est aetatis 46.

Etwa 9 Uhr vormittags starb Maria Elisabeth Probo, die Witwe des Wilhelm Winter, gestärkt mit den heiligen Sakramenten im hiesigen Hospital. Am 4. Juli 1761 war sie hier getauft worden, hatte am 31. Oktober 1786 geheiratet und wurde am 22. Dezember im 46. Jahr ihres Lebens beerdigt.

1809, 1. 10.: Super proclamationibus dispensatis matrimonium contraxerunt coram me et testibus Hilario Weidgen et Christophoro Hutmacher, Siegburgensibus, Gerardus, Georgii Crumbach et Christinae Schlimgens filius legitimus, 30. Januarii 1763 hic baptizatus, agricola, viduus Gertrudis Brehm, et Maria Magdalena, Wilhelmi Becker et Mariae Annae Straub filia legitima, 4. Februarii 1778 baptizata in Grevenbroich, ancilla in hujate monte.

---

[14] Pastor an St. Servatius Siegburg war Franz Bernhard Zopus.

Nach Dispens von den Proklamationen schlossen die Ehe vor mir und den Zeugen Hilarius Weidgen und Christoph Hutmacher aus Siegburg, Gerhard, ehelicher Shn des Georg Crumbach und der Christina Schlimgen, am 30. Januar 1763 hier getauft, Bauer und Witwer der Gertrud Brehm, und Maria Magdalena, eheliche Tochter des Wilhelm Becker und der Maria Anna Straub, die am 4. Februar 1778 in Grevenbroich getauft wurde, Magd auf dem hiesigen Berge.

1811, 23. 4.: ... et Helena Rübstecken. (LB)

FUHRKNECHT: Fu

1693, 22. 10.: ... Joannes N., Fuhrknecht ufm Berg ... (LB)

1712, 31. 5.: Anna Maria, filia Wilhelmi N., tum temporis Fuhrknechts uffm Berg et villici uffm Klinckenberg, ex N.N. conjuge baptizata. PP.: Hermannus Diedrich, frater puerperae, Anna Maria Knütgens, filia Lamberti Knütgens, et Anna Catharina Hart, villica ex Bostorff[1] et affinis parentis.

Getauft wurde Anna Maria, Tochter des Wilhelm N., zu dieser Zeit Fuhrknecht auf dem Berg, Verwalter auf dem Klinkenberger Hof, und seiner Frau N.N. Paten: Hermann Dietrich, Bruder der Mutter, Anna Maria Knütgen, Tochter des Lambert Knütgen, und Anna Katharina Harth, Gutsverwalterin in Buisdorf, einer Verwandten des Vaters.

[1] St. Augustin-Buisdorf, Rhein-Sieg-Kreis.

GÄRTNER (hortulanus): Gä

1652, 6. 5.: ... Tilmannus, hortulanus reverendissimi ... (LB)

– 5.11.: Baptizatus est filius Tilmanni hortulani dictus Simon. Patrinus: Colonellus Simon de Hillen. Patrina: Uxor consulis Wilhelmi Kerres.

1653, 31. 8.: ... Patrina: Uxor Tilmanni, hortulani reverendissimi.

– 14. 9.: ... Patrinus: Tilmannus, hortulanus reverendissimi, ...

1655, 27. 6.: ... Joannes de Coster, hortulanus reverendissimi ... (LB)

– 19.12.: ... Joannes de Coster, reverendissimi hortulanus ... (LB)

1657, 27. 4.: ... Jacobus, famulus hortulani im Newen Hoff. (LB)

1658, 18. 4.: Dominica in Albis. Joannes Georgius, filius magistri Jacobi, hortulani reverendissimi domini praelati, ex N. legitima conjuge Coloniensi. PP.: Georgius Aldenhoven etc. Eodem anno hinc discessit in Zinsigs[1].
Weißer Sonntag. Johannes Georg, Sohn des Meisters Jakob, des Gärtners des hochwürdigsten Herrn Prälaten, von N., seiner rechtmäßigen Ehefrau aus Köln. Paten: Georg Aldenhoven usw. Im gleichen Jahr verzog er nach Sinzig.

1669, 22. 4.: Margaretha, Joannis hortulani, nunc vinitoris abbatis reverendissimi, ex N. Boedingensi[2]. PP.: Ignoti.

1687, 6.11.: ... Parens, ut illa fatetur, servus hortulani in monte ... (LB)

1693, 15. 3.: ... Henricus N., hortulanus in monte ... (LB)

1695, 18. 4.: ... Henricus N., hortulanus in monte ... (LB)

1698, 2. 9.: ... Joannes Petrus Altenburg[3], hortulanus reverendissimi ... (LB)

1701, Sept.: ... Joannes Petrus Ehrenburgs, hortulanus reverendissimi praelati ... (LB)

---

[1] Sinzig, Kr. Ahrweiler.

[2] Hennef-Bödingen, Rhein-Sieg-Kreis.

[3] Altenburg und Ehrenburg dürften wohl eine Person sein, wie der Vorname nahelegt; vermutlich durch Hörfehler entstanden.

Conradus Honrad, servus hortulani, s. unter Diener: 1711, 19.3.; 1727, 25.11.; 1728, 18.1.; 1731, 31.7.; 1735, 31.5.; 1739, 8.6.

1713, 20. 5.: Arnoldus Doupri, servus hortulani reverendissimi ... (LB)

1714, 19. 3.: Joannes Petrus Daniel, filius Joannis Georgii Greven ex Wolstorff, hortulani in monte, ex N. conjuge baptizatus. PP.: Joannes Petrus Dämer, faber ferrarius in monte, et Christianus Orth, vinitor in Wolstorff, et Regina Jansen ex Mülheim[4], mater parentis.

Johannes Peter Daniel, Sohn des Johannes Georg Greven aus Wolsdorf, Gärtners auf dem Berg, von N. seiner Ehefrau, wurde getauft. Paten: Johannes Peter Dämer, Schmied auf dem Berg und Christian Orth, Winzer in Wolsdorf, und Regina Jansen aus Mülheim, die Mutter des Vaters.

1615, 8. 9.: ... Conradus hortulanus ... (LB)

1716, 11.10.: Joannes Petrus, filius Joannis Georgii Greven, hortulani in Wolstorff, ex N. conjuge baptizatus. PP.: Joannes Petrus Braun villicus in Villa Nova, et Rutgerus Wilhelms, vietor in monte ...

1717, 27. 7.: ... Melchior Keuffner, hortulanus reverendissimi domini praelati ... (LB)

1719, 23. 5.: ... Joannes Georgius Kobman, servus hortulani ... (LB)

1722, 18. 1.: ... Joannes N., hortulanus in monte ... (LB)

1726, 2. 8.: Magdalena Christina, filia Martini Langen, montensis hortulani, et Margarethae N., uxoris ejus. PP.: Joannes Georgius Dengel, Maria Christina Klein et Maria Magdalena Duppenbeckers.

1742, 13. 6.: Copulatus est habita dispensatione super denuntiationibus Petrus Baudinet[5] cum Anna Margaretha Bergs; testibus domino Joanne Petro Schumacher et Henrico Muller.

1743, 8. 5.: Georgius, filius Petri Bodene et Annae Margarethae Bergs; e sacro fonte levantibus reverendissimo domino Georgio

[4] Köln-Mülheim oder Mülheim Ruhr.

[5] Klassischer Fall von Hörfehler, wie er immer wieder in unseren Quellen zu beobachten ist. Hier wahrscheinlich die richtige Schreibweise, die nahelegt, daß der Gärtner B. aus dem Wallonischen kam. Im folgenden wird er immer Bodene geschrieben. Offenbar wurde der Name aber nicht ganz eingedeutscht, wurde also nicht Bódene, sondern Bodené gesprochen, wie die Eintragungen 1816, 20.7. und 1818, 18.10. und 10.11. nahelegen.

ab Hagen[6], perillustris hujus abbatiae praelato, et Christina Mullers.

1744, 29.12.: Infans Petri Bodene. (LM)

1745, 27.11.: Baptizatus est Georgius, filius Petri Bodene et Annae Margarethae Bergs; e sacro fonte levantibus reverendissimo domino Georgio ab Hagen[7] praelato, cujus loco stetit dominus Franciscus Brunner, et Catharina Margaretha Bergs.

1746, 9.11.: ... cujus loco stetit Petrus Bodene ... (LB)

1747, 22.10.: Infans Petri Bodene. (LM)

1748, 11. 2.: Infans Petri Bodene. (LM)

– 26. 2.: ... e sacro fonte levantibus Petro Bodene ...

1749, 2. 2.: ... testibus Petro Bodene ... (LC)

1751, 28. 1.: Baptizata est Catharina Theresia Josepha, filia Petri Bodene et Annae Margarethae Bergs; e sacro fonte levantibus Catharina Margaretha N.N. et Joanne Andrea Kluppel.

– 4.11.: ... et Petro Bodene. (LB)

1752, 21.10.: ... e sacro fonte levantibus Petro Bodene ... (LB)

1753, 29.11.: ... e sacro fonte levantibus Joanne Petro Bodene ... (LB)

1755, 9. 7.: Baptizatus est in domo Georgius, filius Petri Bodene et Annae Margarethae Bergs, et statim post baptismum mortuus.

– 16. 7.: Infans Petri Bodene. (LM)

– 20. 7.: Anna Margaretha Bergs omnibus sacramentis extremis munita. (LM)

1756, 8. 9.: Copulatus est Petrus Bodene viduus cum Elisabetha Flachs, habita dispensatione super secundum affinitatis gradu; testibus domino Joanne Fischer et Philippo Francken.
Getraut wurde Peter Bodene, Witwer, mit Elisabeth Flach, nachdem Dispens wegen des zweiten Grades von Verwandtschaft gegeben worden war. Zeugen waren Johannes Fischer und Philipp Francken.

1757, 26. 7.: Baptizatus est Joannes Petrus, filius Petri Bodene et Elisabethae Flachs; e sacro fonte levantibus Joanne Gengers? et Christina Rötgens.

– 7. 8.: ... testibus Petrus Bodene ... (LC)

– 16.11.: ... et Petro Bodene. (LC)

---

6 Vgl. Wisplinghoff, S. 173, und Niederau, S. 13.

7 Ebda.

1759, 7. 1.: Baptizatus est Joannes Wilhelmus, filius Petri Bodene et Mariae Elisabethae Flachs; e sacro fonte levantibus Joanne Wilhelmo Franzen et Sybilla Gertrude Flachs.

1760, 8. 7.: Baptizatus est Carolus Godefridus, filius Petri Bodene et Mariae Elisabethae Flachs; e sacro fonte levantibus domino Godefrido de Schaumberg[8], capitulari Siegburgensi, cellerario et praeposito in monte sancti Apollinaris, et domina Maria Carolina de Spees.

1762, 26. 3.: Infans Petri Bodene. (LM)

– 28. 3.: Infans Petri Bodene. (LM)

– 8. 7.: Baptizata est Joanna Christina Francisca, filia Petri Bodene et Mariae Elisabethae Flachs; e sacro fonte levantibus Francisco Xaverio Keller et Joanna Christina Aldenhovens.

1764, 11.11.: ... Testibus Petro Bodene ... (LC)

1765, 25. 6.: ... Testibus Petro Bodene ... (LC)

1766, 8.12.: Baptizatus est Josephus, filius Bodene et Elisabethae Flachs; e sacro fonte levantibus domino Josepho de Wentz[9], cellerario perillustris abbatiae, et Maria Agnete de Ley, nata de Claer.

1768, 2. 2.: ... testibus Petro Bodene ... (LC)

1784, 11. 2.: ... et Petro Bodene. (LC)

– 26. 7.: Vir Petrus Bodene, hortulanus abbatialis. (LM)

1785, 29.11.: ... levantibus Joanne Petro Bodene ... (LB)

1788, 8. 6.: Baptizatus Joannes Antonius Josephus, Petri Bodene et Sybillae Magdalenae Gamersbach legitimus filius; levantibus reverendissimo et illustrissimo domino Joanne L.B. de Speyart[10], abbate Siegburgensi, et praenobili domina Gertrude Maria de la Valette St. George, nata Snyders, quorum vices gesserunt Petrus Josephus Cremer et Francisca Bodene.

Getauft wurde Johannes Antonius Josef, ehelicher Sohn des Peter Bodene und der Sibilla Magdalena Gamersbach. Aus der Taufe hoben ihn der hochwürdigste und erlauchteste Herr Johann Freiherr von Speyart, Abt von Siegburg, und die hochvornehme Herrin Gertrud Maria von La Valette, St. Georg, geborene Snyders; deren Stelle vertreten Peter Josef Cremer und Franziska Bodene.

[8] Der spätere Abt, vgl. Wisplinghoff, S. 173f. und Niederau, S. 13.

[9] Vgl. Wisplinghoff, S. 196, und Niederau, S. 41. Zum Vornamen vgl. Ch.: Anm. 20.

[10] Vgl. Wisplinghoff, S. 174f., und Niederau, S. 14.

– 7. 7.: Joannes Joseph, infans Petri Bodene. (LM)

1792, 17. 4.: Apoplexia tactus obiit et 19. sepultus est honestus Jacobus Ochtendunck, hortulanus hujatis abbatiae, celebs plusquam quadragenarius.
Durch einen Schlaganfall starb der ehrenwerte Jakob Ochtendunck; beerdigt wurde er am 19. Er war Gärtner der hiesigen Abtei, ledig und mehr als 40 Jahre alt.

– 8. 5.: ... Petro Bodene ... (LC)

1798, 4. 12.: ... Patrinis Petro Bodene ... (LB)

1799, 28. 12.: ... Patrinis Joanne Petro Bodene ... (LB)

1800, 1. 11.: ... Petro Bodene ... (LB)

1801, 23. 1.: Maria Elisabeth Flach, vidua Petri Bodene, obiit sacramentis munita, 10. Augusti 1724 hic baptizata et 25. hujus tumulata est aetatis 77.
Maria Elisabeth Flach, die Witwe des Peter Bodene, starb gestärkt mit den Sakramenten. Am 10. August 1724 war sie hier getauft worden, am 25. wurde sie beerdigt im Alter von 77 Jahren.

1802, 30. 11.: ... et Helena Reufstecker. (LB)

1803, 10. 9.: ... Patrini fuere Joannes Petrus Bodene, civis et hujatis abbatiae hortulanus in hanc civitate ... (LB)

1804, 10. 12.: ... Anna Helena Röfstecken, ancilla apud hujatem hortulanum Bodene[11]. (LB)

1805, 26. 3.: ... Patrinis Huberto Steinmann, hortulano in hujate monte ... (LB)

– 9. 8.: Joannes Henricus Mohr, die Veneris horam inter 4. et 5. pomeridianam in domo sub Nr. 46 in civitate, assistente obstetrice Klein[12], 1. natus et 10. hujus a domino sacellano Kuchem[13] in ecclesia olim Minoritarum baptizatus est Caspari Mohr, hortulani in monte, et Annae Catharinae Ness, 7. Julii anni currentis hic copulatorum, filius legitimus, patrinis Joanne Henrico Ness,

[11] In der von Pastor Zopus angefertigten Zweitschrift des Taufbuches, die sich im Pfarrarchiv St. Servatius, Siegburg, befindet, wird sie als *ancilla Siegburgi sub Nr. 63* bezeichnet.

[12] Hebammen der Stadt werden ab Dez. 1802 erwähnt. Es sind: Barbara Harth, Witwe des Sebastian Nepomuk Ries, und Adelheid Efferoth, Witwe des Heinrich Klein.

[13] Nach Torsy 2, S. 317, Nr. 962, wurde er am 17. 2. 1763 geboren und am 11. 3. 1786 zum Priester geweiht. Er war als Hilfsgeistlicher in der Siegburger Minoritenklause tätig und deren letzter Vorsteher. Nach der Aufhebung der Klause 1803 wurde er der erste Kaplan an der Siegburger Pfarrkirche St. Servatius.

pistore Siegburgi, baptizati avo materno, et Anna Maria Weber, dicta Mohr, Bonnensi, baptizati avia paterna, cujus loco stetit Sybilla Panzenello, uxor Hilarii Weidgen, nundinarii Siegburgensis.

Johannes Heinrich Mohr wurde am Freitag zwischen der 4. und 5. nachmittäglichen Stunde im Hause 46 in der Stadt unter Mithilfe der Hebamme Klein als erstes Kind geboren und am 10. des Monats vom Herrn Kaplan Kuchem in der ehemaligen Minoritenkirche getauft. Es war der eheliche Sohn des Kaspar Anton Mohr, Gärtners auf dem Berg, und der Anna Katharina Neß, die am 7. Juli des laufenden Jahres getraut wurden. Paten waren Johann Heinrich Neß, Siegburger Bäcker und Großvater des Täuflings mütterlicherseits, und Anna Maria Weber, genannt Mohr aus Bonn, des Täuflings Großmutter väterlicherseits. Deren Stelle vertrat Sibilla Panzenello, die Frau des Siegburger Händlers Hilarius Weidgen.

1807, 7. 1.: ... Petro Bodene, hujate cive ... (LB)

1808, 5. 1.: Elisabetha Mohr, 5. Januarii, hora 4. matutina, 1. partu[14] nata et 6. hujus a me baptizata est Caspari Antonii Mohr, hortulani, et Annae Catharinae Ness, 7. Julii 1805 hic copulatorum, filia legitima; patrini fuere Christianus Brünker et Elisabetha Westing, dicta Ness, avia materna.

1811, 23. 4.: ... et Helena Rübstecken. (LB)

1816, 20./22. 7.[15]: Sibilla Gammerbach, uxor Petri Bodene, ex civitate, aetatis 64 annorum, obiit hora 5. pomeridiana.

1818, 28./31. 10.: Francisca Bardenheuer, uxor Joannis Petri Bodené, in civitate, nata in villa Hauerhof, parochiae Lövenich[16] trans Rhenum, aetatis 39 annorum, obiit medio 6. matutina.

— 10./11. 11.: Joannes Petrus Bodené, viduus Franciscae Bardenheuer, ex civitate, aetatis 64 annorum, obiit hora matutina.

[14] Hier irrt Pastor Zopus, denn es wurde dem Ehepaar Mohr bereits am 9. 8. 1805 ein Sohn geboren.

[15] Hier und bei den folgenden Eintragungen ist das erste Datum der Sterbetag, das zweite der Tag der Beerdigung.

[16] Von den vier in „Meyers Orts- und Verkehrslexikon des Deutschen Reiches", Leipzig 1913, angeführten Orten gleichen Namens kommt nur Lövenich bei Erkelenz infrage, weil nur dort der hier erwähnte Hauerhof aufgeführt ist, der etwa 6 km vom Ortskern entfernt liegt.

GERBER (coriarius): Ge

1652, 4. 2.: ... Arnoldus, coriarius, concivis noster ... (LB)

1653, 14. 9.: ... Caecilia, coriarii apud portam Coloniensem morantis filia ... (LB)

1696, Okt.: ... cum choriario Confluentino[1], hic in monte laboranti ... (LB)

JÄGER (venator): Jä

1674, 26. 2.: Anna Catharina, filia posthuma N.N., venatoris occisi, ex N. uxore legitima. PP.: Dominus Joannes Molitor[1], consul, et Anna Catharina, uxor domini consulis Veen[2].
Anna Katharina, die nachgeborene Tochter des (wohl bei einem Jagdunfall) getöteten Jägers N.N. von seiner Ehefrau N. Paten: Herr Johannes Molitor, Bürgermeister, und Anna Katharina, Frau des Herrn Bürgermeisters Veen.

1687, 16. 6.: Andreas Vogt, venator in monte, oriundus ex ducatu Braunschweighensi, factis tribus proclamationibus copulatus est cum Margaretha Elisabeth Huppelsheusers, filia quondam consulis domini Joannis Huppelsheusers[3] et Gertrudis Salget conjugum.
Nach drei vorausgegangenen Proklamationen wurde der aus dem Herzogtum Braunschweig stammende Jäger auf dem Berg Andreas Vogt mit Margaretha Elisabeth Huppelsheuser getraut, die eine Tochter der Eheleute, des ehemaligen Bürgermeisters, des Herrn Johannes Huppelsheuser und der Gertrud Salget war.

---

[1] Koblenz.

[1] Nach Lau, S. 222, 1661–79 Bürgermeister.
[2] Edmund Venn war nach Lau, S. 222, 1674–1701 Bürgermeister.
[3] Nach Lau, S. 222, 1650–51 Bürgermeister.

1688, 15. 3.: Michael Anno, filius Andreae Vogt, venatoris in monte, et Mariae Elisabeth Huppelsheusers conjugum baptizatus est. Susceperunt ex baptismo nomine reverendissimi domini administratoris[4] et omnium dominorum capitularium dominus Arnoldus Pfefferkorn, secretarius et scholtetus in Siegburg, Moffendorp et Euenheim, et Gertrudis Salget, mater puerperae.
Getauft wurde Michael Anno, Sohn der Eheleute Andreas Vogt, Jägers auf dem Berg, und der Maria Elisabeth Huppelsheuser. Im Namen des hochwürdigsten Herrn Administrators und aller Herren Kapitularen haben ihn aus der Taufe gehoben Herr Arnold Pfefferkorn, Sekretär und Schultheiß in Siegburg, Muffendorf und Euenheim, und Gertrud Salget, die Mutter der Wöchnerin.

1695, 2. 1.: Maria Magdalena Catharina, filia Andreae Vogt, veneratoris, ex Elisabeth Hüppelsheusers baptizata. PP.: Magdalena Osteroth, Catharina Hagens, uxor Henrici Camp, et Augustinus Vogt, frater patris.

1698, 19. 1.: Joannes Gerhardus Wickert? auß dem Sonnweißerland[5]? copulatus est cum Anna Catharina Vetterles?, filia quaedam Joannis Theodori Vetterles?, venatoris reverendissimi, et Margarethae Braun conjugum.

– 7. 10.: Augustinus Vogt, venator in monte, obtenta et exhibita dispensatione a vicario generali de omittendis denuntiationibus matrimonialibus copulatus est cum Maria Catharina Brambach, filia Petri Brambach uff der Schladen.
Augustin Vogt, Jäger auf dem Berg, wurde, nachdem er vom Generalvikar Dispens auf Erlaß der Proklamationen erbeten und erhalten hatte, mit Maria Katharina Brambach, der Tochter des Peter Brambach auf der Schlade getraut.

1699, 13. 10.: Adolphus Hamecher viduus copulatus est cum Elisabeth Hüppelsheusers, relicta vidua Andreae Vogt.

1707, 31. 7.: ... Joannes Conradus Schumacher, venator in monte... (LB)

---

[4] Heinrich Melchior von Nuland wurde Anfang 1678 Koadjutor und Administrator der Abtei. Der zum Rücktritt gezwungene Vorgänger, Johann Bock von Pattern, starb am 30. 1. 1694. Heinrich Melchior v. Nuland fast ein Jahr später am 15. 12. 1694. Vgl. Wisplinghoff, S. 171 f.

[5] Sonnweißerland konnte bisher nicht indentifiziert werden.

– 7. 12.: Baptizata Sibilla Christina, filia Augustini Vogt ex Anna Catharinia Brambach. PP.: Adolphus Hamacher, Sibilla Lindlars et Christina Brambach.

1710, 18. 11.: Maria Gertrudis, filia Augustini Vogt ex Anna Catharina Brambach baptizata. PP.: Wenceslaus Stark?, piscator ad Aggeres lapideos[6], Anna Gertrudis Krebs, uxor Huberti Klein, cum (alia mihi ignota) Maria Margaretha Kamp.

1711, 7. 5.: ... copulatus est cum Anna Catharina Brambach, relicta vidua Augustini Vogt uß der Pfaltz.

1714, 21. 11.: ... Godefridus Pfastenrath, venator in monte ... (LB)

1715, 25. 8.: ... Franciscus Trap, venator in monte ... (LB)

1716, 28. 11.: ... Joannes Godefridus Pfastenrath, venator in monte ... (LB)

1717, 3. 10.: Franciscus Trappe, oriundus ex Waltrop[7] auß dem Chur-Cölnischen Vest Reckelshausen[8], Hermanni Trappe, quondam incolae ibidem, et Mechtildis Heyfeldt conjugum filius, venator hic in monte, copulatus est cum Maria Catharina Lohmar, filia Joannis Lohmar ufm Tünisberg ex Christina Stöckers.
Franz Trappe, stammend aus dem im Kur-Kölnischen Vest Recklinghausen gelegenen Waltrop, Sohn der Eheleute Hermann Trappe, einstigen dortigen Einwohners, und der Mechtild Heyfeld, Jäger hier auf dem Berg, wurde mit Maria Katharina Lohmar, der Tochter des Johannes Lohmar auf dem Tönnisberg und der Christina Stöcker getraut.

1718, 20. 2.: ... Maria Catharina Lohmar, venatoris in monte Francisci Trappe uxor. (LB)

1719, 28. 1.: ... Franciscus Trappe, venator in monte ... (LB)

– 27. 4.: ... Franciscus Trappe, venator in monte ... (LB)

1723, 28. 1.: Anna Magdalena Meister ex Joanne Adamo Meister, ex Hassia[9] oriundo, venatore montis, et Christina Maria Denckers conjugibus acatholicis. PP.: Anna Margaretha Fritsch et Conrado Limburg, cursore montis, cujus loco stetit Georg Dietzgen, civis Siegburgensis.

---

[6] Steinagger, Rhein.-Berg. Kreis. Gemeinde Overath.
[7] Waltrop.
[8] Recklinghausen.
[9] Hessen.

Anna Magdalena Meister von den nichtkatholischen Eheleuten Johann Adam Meister, aus Hessen stammend, Jäger auf dem Berg, und Christina Maria Denckers. Paten: Anna Margaretha Fritsch und Conrad Limburg, Bote des Berges, an dessen Stelle der Siegburger Bürger Georg Dietzgen stand.

1733, 2. 9.: Margaretha N.N., quondam uxor venatoris reverendissimi in Lohmar, omnibus extremis munitus.

1737, 20. 1.: Philippum Schil, venatorem in monte, cum virgine tum temporis lutherana Catharina Elisabetha Stommels, datis ipsi dimissorialibus copulandum ad dominum pastorem in Ruppichterath[10] catholicum misi.
Den Philipp Schil, Jäger auf dem Berg, schickte ich, nachdem ihm die Überweisung gegeben worden war, zur Trauung zum katholischen Herrn Pastor in Ruppichteroth mit der zu dieser Zeit lutheranischen Katharina Elisabeth Stommels.

1744, 28. 3.: Anna Maria Meister, filia Joannis Meister et Ursulae Görtz; e sacro baptismatis fonte levantibus Anna Lindtlahrs et Maria Hagens et Laurentio Meister.

— 1. 4.: Infans Joannis Meister. (LM)

1749, 22. 10.: Krenper?, venator in monte (LM)

1754, 18. 2.: ... Joanne Meister ... (LB)

— 30. 7.: Copulatus est Joannes Meister viduus cum Anna Catharina Brachschoss; testibus Wilhelmo Bockhohn et Tobia Gaertner.

— 12. 8.: Uxor Joannis Meister sine sacramentis extremis ob delirium obiit.

1756, 28. 4.: Infans Joannis Meister. (LM)

— 7. 6.: ... Joanne Meister ... (LB)

1797, 30. 12.: Super proclamationibus et tempore clauso dispensati copulati sunt Joannes Cremer ex Niederpleis[11], Rabani Cremer et Annae Catharinae Heinzen filius legitimus, et Anna Christina Hammelrath ex Bensberg[12], Gerardi Hammelrath et Annae Sybillae Kellers filia legitima, praesentibus testibus Andrea Curt, Adolpho Pütz.

---

[10] Ruppichteroth, Rhein-Sieg-Kreis.
[11] St. Augustin-Niederpleis, Rhein-Sieg-Kreis.
[12] Bensberg, Rhein.-Berg. Kreis.

Nach Dispens von den Proklamationen und der geschlossenen Zeit wurden getraut Johannes Cremer aus Niederpleis, ehelicher Sohn von Rhabanus Cremer und Anna Katharina Heinzen, mit Anna Christina Hammelrat aus Bensberg, eheliche Tochter von Gerhard Hammelrath und Anna Sibilla Keller. Als Zeugen waren anwesend Andreas Curt und Adolf Pütz.

1808, 11. 1.: Maximilianus Cremer. Die Lunae, hora 11. noctis, sub Nr. 39, in abbatia suppressa, nulla obstetricante, 6to loco natus, et 13tia hujus a domino sacellano in ecclesia Minoritarum baptizatus est Joannis Cremer venatoris et Annae Christinae Hammelrath, 30. Decembris 1797 hic copulatorum, filius legitimus. Patrinis domino Maximiliano Lichtschlag et domicella Ludovica Vetter, solutis Siegburgensibus.

Maximilian Cremer. Er wurde am Montag um 11 Uhr nachts im Haus Nr. 39, in der aufgehobenen Abtei, ohne Beisein einer Hebamme, als 6. Kind geboren. Getauft wurde er am 13. des Monats vom Herrn Kaplan in der Minoritenkirche. Er ist der eheliche Sohn der am 30. Dezember 1797 hier getrauten Johannes Cremer, Jägers, und Anna Christina Hammelrath. Paten waren die ledigen Siegburger Herr Maximilian Lichtschlag und Fräulein Ludovika Vetter.

KAMMERDIENER (cubicularius, pedissequus): Ka

1662, 24. 2.: Joanna Maria, filia Melchioris, reverendissimi domini nostri praelati cubicularii, ex N. legitima uxore. PP.: Domicella Joanna Theresa von Bock, Anna Maria im Stern et dominus Joannes Wilhelmus ab Hawner.

1664, 1.12.: Joannes Gerardus, filius Melchioris Peltz, reverendissimi domini praelati cubicularii, ex Anna legitima conjuge. PP.: Joannes Kramer, Gerardus Schulteß, uterque mercatores Colonienses, et N., vidua apothecaria, cujus loco stetit uxor domini magistri vigiliarum Egimont.
Johannes Gerhard, Sohn des Kammerdieners des hochwürdigsten Herrn Prälaten Melchior Peltz von seiner Ehefrau Anna. Paten: Die beiden Kölner Kaufleute Johannes Kramer und Gerhard Schulteß und die Apothekerswitwe N., deren Stelle die Frau des Wachtmeisters Egimont vertrat.

1670, 23. 2.: Anna Christina, filia domini Melchioris Peltz, senatoris, ex Anna Catharina conjuge legitima. PP.: Dominus Joannes Müller, consul, et Anna Catharina Dietzgen, puella.

1671, 9. 6.: ... Anna Catharina, uxor domini Melchioris Peltz. (LB)

1706, 19. 9.: ... Joannes N., cubicularius reverendissimi ... (LB)

1713, 28. 5.: ... Joannes Kohlbart, cubicularius reverendissimi domini praelati ... (LB)

1714, 14. 3.: ... Joannes Kohlport, cubicularius reverendissimi domini praelati ... (LB)

1715, 2. 7.: Joannes Kholpoth, cubicularius reverendissimi domini praelati, copulatus est cum Maria Sibylla Fedweiß, Christophori Fedweiß ex Helena Hüppelsheusers legitima filia. Mortuus est Joannes Kholpot eodem mense, die 28. Julii, post nuptias.
Der Kammerdiener des hochwürdigsten Herrn Prälaten Johannes Kholpoth wurde mit Maria Sibilla Fedweiß, der ehelichen Tochter des Christoph Fedweiß und der Helene Hüppelsheuser getraut. Im gleichen Monat, am 28. Juli, ist Johannes Kholpoth nach der Hochzeit gestorben.

1729, 10. 2.: Obiit in monte Joannes Petrus Pütz, perillustris domini liberi baronis de Hamm[1], cellerarii, cubicularius, satis munitus et a me in coemeterio sepultus.
Auf dem Berg starb der Kammerdiener des erlauchten Herrn Zellerars, Baron von Hamm, Johannes Peter Pütz. Er war mit den Sterbesakramenten mehr als genug versehen und wurde von mir auf dem Friedhof beerdigt.

1730, 18. 4.: ... testibus Joanne Henrico Meys et Antonio Knütgen. (LC)

1731, 27. 7.: ... Joannes Henricus Meys, cubicularius reverendissimi ... (LB)

– 9. 9.: Joannes Henricus Meys, cubicularius reverendissimi domini abbatis Sigbergensis, copulatus est cum virtuosa virgine Margaretha Kerps coram me et testibus domino Mathia Aldenhoven seniore et domino Joanne Friderico Aldenhoven juniore.

1804, 12. 2.: Super bannis dispensati et datam a me facultatem copulati sunt a reverendo domino Jacobo Schogh[2], sacerdote in ecclesia Minoritarum, Ferdinandus, Adolphi Gödders et Anna Gertrudis Neunkirchen in Stosdorf[3], satrapiae Blankenbergensis[4], filius legitimus, 24. Novembris 1770 baptizatus ritu sanctae Romanae ecclesiae in Geistingen[5], pedissequus hujatis reverendissimi abbatis, et Elisabetha, Jacobi Schogh, hujatis judicii scabini, et Mariae Elisabethae Goerz filia legitima, 17. Januarii 1769 hic ritu sanctae Romanae ecclesiae baptizata, commorantis in domo paterna prope portam Coloniensem sub Nro. 104. Testes fuere dominus Petrus Wolters, hujatis judicii scribae, Antonius Pütz, aedituus aliique.
Nach Dispens von den Proklamationen und der von mir gewährten Erlaubnis wurden von dem hochwürdigen Herrn Priester Jakob Schogh in der Minoritenkirche getraut Ferdinand, der eheliche Sohn des Adolf Gödders und der Anna Gertrud Neunkirchen aus Stoßdorf im Amt Blankenberg, der am 24. November 1770

[1] Remigius Jakob von Hamm, vgl. Wisplinghoff, S. 199, und Niederau, S. 44.
[2] Nach Janssen-Lohmann am 1. 12. 1766 in Siegburg geboren, wurde am 19. 12. 1789 zum Priester geweiht. Er starb am 16. 11. 1817 als Pastor von Glessen. Seine Tätigkeit in Siegburg scheint nur vorübergehend gewesen zu sein.
[3] Hennef-Stoßdorf, Rhein-Sieg-Kreis.
[4] Das bergische Amt Blankenberg.
[5] Hennef-Geistingen, Rhein-Sieg-Kreis.

nach dem Ritus der heiligen römischen Kirche in Geistingen getauft wurde und Kammerdiener des hiesigen hochwürdigsten Abtes ist, und Elisabeth, eheliche Tochter des hiesigen Gerichtsschöffen Jakob Schogh und der Maria Elisabeth Görz, die am 17. Januar 1769 nach dem Ritus der heiligen römischen Kirche hier getauft wurde, die wohnhaft ist im väterlichen Haus Nr. 104 in der Nähe des Kölntores. Zeugen waren der hiesige Gerichtsschreiber Peter Wolter, der Küster Anton Pütz und andere.

– 19. 5.: ... et Ferdinandus Gödders, pedissequus hujatis reverendissimi abbatis. (LC)

KAUTZER

1656, 18. 11.: ... Martinus Binsfeldt, Kautzer aufm Berge. (LB)

KOCH (coquus): Ko

1651, 10. 5.: ... Martinus[1], reverendissimi coquus ... (LB)

– 1. 10.: ... Gotthardus, dominorum capitularium coquus ... (LB)

– 20. 11.: ... patrina Elisabeth, quondam coci reverendissimi Jacobi uxoris soror. (LB)

1652, 4. 2.: ... Patrina: N. Martini coci reverendissimi uxor. (LB)

1654, 11. 10.: Dominica 20. post Pentecosten baptizata est Maria Elisabeth Singmont, filia Martini Singmont[2], coqui reverendissimi et perillustris domini abbatis ex Agnete Koltzem. Matrinae: Virgo Maria Elisabeth Koltzem et Anna Maria Marquede, uxor

Was mit Kautzer gemeint ist, konnte bisher noch nicht festgestellt werden.

[1] Wohl der unten notierte Martin Singmont, der wiederum mit dem 1664 genannten Martin Raymondt identisch sein dürfte.

[2] Vgl. Anm. 1.

domini praefecti supremi excubiarum. Patrinus: Daniel Egmonds, aedilis seu praefectus templi.
Am 20. Sonntag nach Pfingsten wurde Maria Elisabeth Singmont getauft, die Tochter des Martin Singmont, Kochs des hochwürdigsten und erlauchten Herrn Abtes, von Agnes Koltzem. Patinnen: Jungfrau Maria Elisabeth Koltzem und Anna Maria Marquede, Frau des obersten Präfekten der Wache. Pate: Daniel Egmonds, Küster oder Vorsteher der Kirche.

1657, 19. 3.: ... Catharina, uxor magistri Jacobi, coqui reverendissimi domini praelati. (LB)

– 22.10.: ... Gertrudis Kessel, uxor Jacobi, coqui in monte. (LB)

– 9.12.: ... magister Joannes Jacobus, reverendissimi praelati coquus ... (LB)

1659, 3. 9.: ... Jacobus adolescens, coquus in monte in conventu ... (LB)

1664, 30.10.: Adolphus Wyland adolescens vitriarius, Tilmani Wyland ex Catharina conjuge filius, cum virtuosa virgine Anna Maria Raymondt, Martini Raymondt[3], reverendissimi domini praelati coqui, ex Anna conjuge, legitima filia.
Der junge Glaser Adolf Wyland, Sohn des Tilmann Wyland und seiner Frau Katharina (wurde getraut) mit der tugendhaften Jungfrau Anna Maria Raymondt, der ehelichen Tochter des Martin Raymondt, Kochs des hochwürdigsten Herrn Prälaten, und seiner Frau Anna.

1670, 30. 1.: Joannes, filius Rutgeri Kyl, coqui in monte, ex N.N. conjuge. PP.: Joannes auffm Fluegerhoff et N. uxor Christiani Swaab, Lhörer.

1671, 31. 5.: Adelheidis Clara, filia Rutgeri Kyl, coqui in monte, ex N.N. conjuge. PP.: Henricus Walberbergh, botteliner, et Adelheidis Clara Piater, puella.

1673, 30. 5.: Helena, filia Rutgeri Kyll, coqui in monte, ex Elisabeth Waldrichs uxore. PP.: Balthasar von Poppert[4] et Helena, uxor Adolphi im Haw.

1676, 10.12.: ... Joannes, coquus in monte ... (LB)

---

[3] Vgl. Anm. 1.
[4] Boppard.

1681, 8. 9.: Joannes Bertramus, filius M. Rutgeri Kyll, coqui in monte, ex Elisabeth, conjuge sua. PP.: Dominus Bertramus Scholtheis, Joannes Dietzgen, Lhorer, et Agnes Freymuth.

1689, Sept.: Sybilla Ursula?, filia Bertrami Werners, coqui in monte, et Irmgardis ?? conjugum baptizata est. PP.: Sybilla N. ex Spich[5], ???

1692, 22. 2.: Eva Gertrudis, filia Bertrami Werners, coqui, et Irmgardis Fransen conjugum baptizata est. PP.: Adolphus Helseus, Eva Margaretha Horbach, condicta Knütgens, et Gertrudis Fransen, soror matris.

1694, 7. 3.: Anna Christina, filia Bertrami Werners, coqui, et Irmgardis conjugum, baptizata est. PP.: Matthias Aldenhoven, (Anna) Christina Fransen, soror puerperae, et Anna Catharina Fincks, condicta Kaysers.

1696, März–April: ... Bertramus Werners, coquus ... (LB)

1697, Febr.: Isabella Florentina Margaretha, filia Bertrami Werners ex Irmgarde baptizata. PP.: Isabella Florentina von Pfastrosberg?, condicta de Scheiffard von Alisow, et extranea, nomine Margaretha, cum domino Joanne Walraff de Lüningen ex Niederpleiß[6].

1698, 24. 5.: Anna Elisabeth, filia Bertrami Werners ex Irmgarde Fransen baptizata. PP.: Anna Margaretha Curtius, Elisabeth Hüppelsheusers et Paulus Berger.

1699, 20. 6.: Joannes Clemens, filius Bertrami Werners ex Irmgarde Fransens baptizatus. PP.: Joannes Wilhelmus Fransen et Clemens N. ex Solingen cum filia Catharina, satrapae in der Warden[7], Werneri de Warden.

1701, Sept.: Maria Anna, filia Bertrami Werners ex Irmgarde Fransens baptizata. PP.: Joannes Petrus Ehrenburgs, hortulanus reverendissimi praelati, Anna Holzem, villica im Haw, et Maria N. extranea.

1703, Dez.: Joannes Arnoldus, filius Bertrami Werners ex Irmgarde Fransens baptizatus. PP.: Jacobus Fransens ???

1706, 6. 6.: Baptizata Helena Gertrudis, filia Bertrami Werners ex Irmgarde Fransen. PP.: Adolphus N. ex Niederpleiß[8], Helena Meisers et Gertrudis Wissing.

---

[5] Troisdorf-Spich, Rhein-Sieg-Kreis.
[6] St. Augustin-Niederpleis, Rhein-Sieg-Kreis.
[7] Hennef-Wardt, Rhein-Sieg-Kreis.
[8] St. Augustin-Niederpleis, Rhein-Sieg-Kreis.

1707, 27. 9.: Baptizatus est Joannes Petrus, filius Bertrami Werners ex Irmgarde Fransens. PP.: Joannes Henricus Ludwig, Joannes Petrus Schass, coquus in monte, et Anna Catharina Küster, uxor Reineri Hagen.

1708, 31. 10.: Baptizatus est Joannes Georgius, filius Bertrami Werners ex Irmgarde Fransen. PP.: Joannes Georgius Jäger et Gertrudis Osteroth.

1710, 6. 3.: Ernesta Wilhelmina, filia Bertrami Werners ex Irmgarde Fransen baptizata. PP.: Domicella de Westrem, collegiatae ecclesiae Neoviensis[9] decanissa, et dominus de Westrem et Anna Margaretha Dietzgen.

Getauft wurde Ernesta Wilhelmina, die Tochter des Bertram Werner und der Irmgard Fransen. Paten: Fräulein von Westrem, der Neußer Kollegiatskirche Dekanin, Herr von Westrem und Anna Margaretha Dietzgen.

— 9. 7.: Johannes Petrus Schnass, qui fuerat coquus in monte, copulatus est cum Maria Catharina Flecker, filia Erwini Fleckers, civis hujatis, et Isabellae Peltz conjugum.

1711, 12. 7.: Anna Gertrudis, filia Bertrami Werners, coqui, ex Irmgarde Fransen baptizata. PP.: Joannes Wilhelmus Olligschläger, filius molitoris Olligschläger, studiosus, et Anna Gertrudis Meisenich, pedissequa apud abbatissam in Rheindorf[10], cum Christina Aldenhovens.

Getauft wurde Anna Gertrud, die Tochter des Kochs Bertram Werner und der Irmgard Fransen. Paten: Johannes Wilhelm Olligschläger, Student und Sohn des Müllers Olligschläger, und Anna Gertrud Meisenich, Kammerfrau der Äbtissin in (Schwarz)-Rheindorf, zusammen mit Christina Aldenhoven.

1714, 11. 1.: Maria Sibylla, filia Joannis Petri Schass, coqui, ex Maria Catharina Fleckers, baptizata. PP.: David Mentzenhausen, coquus in monte, Anna Sibylla Lindtlahr, Maria Sibylla Krebs.

1715, 8. 3.: Maria Katharina, filia Joannis Petri Schnass, coqui, ex Maria Catharina Flecker baptizata. PP.: Gerhardus Hübscheidt, Anna Catharina Küster et Sibylla Lindtlahr.

1717, 6. 5.: Maximilianus Carolus, filius Joannis Petri Schnass ex Maria Catharina Fleckers baptizatus. PP.: Dominus de

[9] Neuss.

[10] Schwarz-Rheindorf, Bonn.

Westrem, commendator, Carolus Friedericus de Gaugreben, praepositus montis sancti Apollinaris[11], et domicella de Westrem, canonissa in Vilica[12].
Getauft wurde Maximilian Karl, der Sohn des Johannes Peter Schnass und der Maria Katharina Fleckers. Paten: Der Komtur, Herr von Westrem, der Propst des Apollinarisberges, Karl Friedrich von Gaugreben und das Fräulein von Westrem, Kanonisse in Vilich.

– 4. 7.: Matthias Bückem, filius Andreae Bückem ex Margaretha Höen, copulatus est cum Anna Christina Werners, filia Bertrami Werners ex Irmgarde Fransens.

1718, 4.10.: Joannes Petrus, filius Francisci Pöell ex Maria Klein, copulatus est cum Eva Gertrude Werners, filia Bertrami Werners ex Irmgarde Fransen.

1720, 1. 8.: Maria Francisca Adolphina, filia Joannis Henrici Duckers, coqui reverendissimi, ex Anna Gertrude Heyden uxore sua baptizata. PP.: Reverendissimus dominus praelatus Franciscus Bernardus de Westrem[13] et domicella Maria Adolphina de Gelleren, canonissa in Vilica[14].

1727, 22.10.: Dominus Joannes Dücking, coquus in monte. (LM)

1728, 29.10.: Joannes Mathias Schnass, Joannis Petri Schnass et Mariae Catherinae Fleckeners conjugum filius legitimus. PP.: Mathias Lohmar et Anna Gertrudis Fleckeners.

1729, 6. 2.: Obiit in monte Mauritius Trompetter, juvenis culinae, omnibus sacramentis munitus et septimo hujus in coemeterio a me sepultus.
Auf dem Berg starb Mauritius Trompetter, Küchenjunge, mit allen Sterbesakramenten gestärkt. Am 7. des Monats wurde er von mir auf dem Friedhof beerdigt.

1804, 5. 4.: ... Patrinis Joanne Flach, coquo in hujate abbatia, baptizatae avunculo ... (LB)

[11] Remagen-Apollinarisberg, Kr. Ahrweiler.
[12] Bonn-Vilich.
[13] Vgl. Wisplinghoff, S. 173, und Niederau, S. 14f.
[14] Bonn-Vilich.

KÜFER, Kellermeister (vietor): Kü

1651, 4. 3.: ... Joannes, nomine Schwarz, vietor et oeconomius reverendissimi ... (LB)

1652, 6. 5.: Eodem die baptizatus est Tilmannus, filius Joannis Brewers, vietoris. PP.: Tilmannus, hortulanus reverendissimi, et Theodorus Muller. Patrina: Elisabeth, Wilhelmi Kerris[1], consulis uxor.

1658, 15. 7.: Joannes Schwartz ex Weimeringen[2] in Lotharingia, Petri Schwartz et Annae Premingers legitimus filius, vietor reverendissimi domini praelati, junctus est virtuosae virgini Christinae Schnipperlincks, domini Matthiae Schnipperlincks et Catharinae Velders legitimae filiae. Testes: ???
Johannes Schwartz aus Weimeringen in Lothringen, ehelicher Sohn des Peter Schwartz und der Anna Preminger, Küfer des hochwürdigsten Herrn Prälaten, wurde der tugendhaften Jungfrau Christine Schnipperlinck, der ehelichen Tochter des Herrn Matthias Schnipperlinck und der Katharina Velders, angetraut. Zeugen: ???

1659, 28. 9.: Anna Catharina, filia Joannis Schwartz, reverendissimi domini praelati vietoris, ex Christina Schnipperlincks uxore. PP.: Anna Agnes Heister, clarissimi domini Huberti Ohmen uxor, Catharina Velders, vidua domini Matthiae Schnipperlincks, et dominus Christianus Flach.

1660, 25. 4.: ... Christina Snipperlinck, uxor magistri Joannis Schwartz vietoris ... (LB)

1661, 2. 1.: Joannes Georgius, filius magistri Joannis Schwartz, vietoris, ex Christina Schnipperlincks conjuge. PP.: Joannes Knütgen[3], consul, Georgius Gorm, licentiatus, et Maria Silbereysen, uxor domini Gerardi Kaels.

---

[1] Nach Lau, S. 222, Bürgermeister 1650/51.
[2] Ein Ort Weimeringen liegt bei Diedenhoven (Thionville).
[3] Nach Lau, S. 222, 1652–61 Bürgermeister.

1662, 14. 11.: Gertrudis, filia magistri Joannis Schwarts, civis, vietoris reverendissimi, ex Christina Schnipperlincks uxore. PP.: Sorores Gertrudis, Hilgers Knütgen, Margaretha, uxor domini Christiani Flach[4], consulis, et adolescens Emundus N., pistor in monte.
(Getauft wurde) Gertrud, die Tochter des Meisters Johannes Schwarts, Bürgers und Küfers des hochwürdigsten (Herren), von seiner Gattin Christina Schnipperlinck. Paten: Die Schwestern Gertrud, (Tochter) des Hilger Knütgen, Margaretha, Frau des Herrn Christian Flach, und der Jüngling Edmund N., Bäcker auf dem Berg.

1666, 2. 11.: Anna Sibilla, filia domini Joannis Schwartz, vietoris, ex Christina conjuge. PP.: Hilgerus Kneutgen et Anna Catharina Holtzems, virgo.

1669, 1. 11.: Petrus Kultzenbach, vietor in monte, copulatus est cum Catharina Lindtlahr, filia Theodori Lindtlahr, Hammechers.

1675, 15. 5.: Joannes, filius M. Petri Colzenbach, vietoris, et N. Lindtlahrs. PP.: Magister Joannes Piater, Velbrunter, et Anna Christina Dietzgen, uxor scholteti.

1682, 5. 4.: ... Jacobus, vietor in monte ... (LB)

1687, 17. 4.: ... Wilhelmus Krämer, vietor in monte ... (LB)

1688, 19. 3.: ... Joannes Kramer, Coloniensis et convietor in monte ... (LB)

1691, 27. 9.: Adolphus Helsaeus ex Lechenig[5], vietor in monte, copulatus est cum Sibilla Flach, relicta vidua Michaelis Schmidmann.

1697, 10. 2.: ... Joannes Rosenbaum, vietor in monte ... (LB)

1706, 10. 3.: Anna illegitima filia Helenae Gilles, ex patre, uti fassa, Joanne Weber, tunc temporis vietore in monte, baptizata. PP.: Leonardus Gilles et Anna Ermeringers.
Getauft wurde Anna, die uneheliche Tochter der Helene Gilles, von dem Vater, wie sie behauptet, Johannes Weber, zu dieser Zeit Küfer auf dem Berg. Paten: Leonard Gilles und Anna Ermeringer.

---

4 Bei Lau nicht aufgeführt.
5 Erftstadt-Lechenich, Kreis Euskirchen.

1709, 5. 4.: Copulatus est Joannes Georgius Rings ex Hunneff[6], qui fuit vietor in monte, cum Gertrude Körbers[7], relicta Theodori Lindlahr.

1710, 11. 3.: Henricus Wilhelmus, filius Joannis Georgii Rings, vietoris, ex Gertrude Röders baptizatus. PP.: Wilhelmus Honrad, Christianus Aldenhoven pro Henrico N. et Magdalena Osteroth.

1712, 24. 8.: Magdalena, filia Georgii Rings ex Gertrude Röders in domo propter necessitatem baptizata. PP.: Magdalena Osteroth et Matthias Görtz.

1713, 15. 1.: Joannes Georgius Rings viduus copulatus est cum Maria Dorn, filia relicta Joannis Dorn et Christinae Kipers.

1714, 15. 3.: Joannes Gerhardus, filius Joannis Georgii Rings ex Maria Dorn baptizatus. PP.: Gerhardus Hundscheidt, Nicolaus Kettnig et Anna Catharina Arnolds, uxor Edmundi Könings.

1716, 11.10.: Rutgerus Wilhelms, vietor in monte ... (LB)

– 25.11.: Joannes Michael, filius Georgii Rings ex Maria Dorn baptizatus. PP.: Joannes Schmitz uf der Bach, Joannes Michael Ludwig, filius Henrici Ludwig, cum filia Joannis Wilhelmi Freymuth.
Getauft wurde Johannes Michael, der Sohn des Georg Rings und der Maria Dorn. Paten: Johannes Schmitz auf der Bach, Johannes Michael Ludwig, der Sohn des Heinrich Ludwig, zusammen mit der Tochter des Johannes Wilhelm Freymuth.

– 29.11.: Rutgerus Helmers ex Esch[8], vietor in monte, cum dispensatione vicario generali Coloniensi copulatus est cum Maria Margaretha Crumbach, filia Henrici Crumbach, villici im Haw, ex Anna Hagen.
Rutger Helmes aus Esch, Küfer auf dem Berg, wurde mit Erlaubnis des Kölner Generalvikars getraut mit Maria Margaretha Crumbach, Tochter des Gutsverwalters im Hau Heinrich Crumbach und der Anna Hagen.

1717, 30. 5.: Anna Barbara, filia Rutgeri Helmes ex Maria Margaretha Crumbachs baptizata. PP.: N. Krüger ex Bülleshem[9], Anna

[6] Honnef, Rhein-Sieg-Kreis.
[7] Gertrud Körber ist wohl mit der weiter unten genannten Gertrud Röder identisch.
[8] Esch, Kr. Bergheim; vielleicht auch Dom-Esch, Kr. Euskirchen.
[9] Groß- oder Klein-Büllesheim, Kr. Euskirchen.

Barbara Helmes, soror parentis, et Anna Crumbach, soror parentis.

1718, 29. 6.: Anna Catharina, filia Rutgeri Helmes, vietoris, ex Maria Margaretha Crumbach baptizata. PP.: Matthias Joannes Lindlahr, adolescens et frater puerperae, et Anna Catharina Crumbach et Maria Catharina Crumbach, duae neptes puerperae. Getauft wurde Anna Katharina, die Tochter des Küfers Rutger Helmes und der Maria Margaretha Crumbach. Paten: Matthias Johannes Lindlahr, Jüngling und Bruder der Mutter, und die beiden Kusinen der Mutter, Anna Katharina Crumbach und Maria Katharina Crumbach.

1719, 3. 10.: Henricus, filius Rutgeri Helmes ex Maria Margaretha Crumbach baptizatus. PP.: Henricus Koch, Henricus Crumbach, duo adolescentes, et Anna Maria Hagens.

1720, 12. 12.: Joannes Fridericus, filius Rutgeri Helmes ex Anna Margaretha Crumbach baptizatus. PP.: Joannes Rüdgers, dominus Fridericus Crumbach[10], minorita, et Anna Hagen, mater puerperae.

1721, 21. 12.: Gerhardus Müller, vietor in monte, cum dispensatione a vicario generali Coloniensis super proclamationibus et clauso tempore Adventus copulatus est cum mea licentia a patre Peregrino Herwig[11], minorita in Clusa, cum Anna Christina Blankkenberg, vidua Joannis Georgii Jägers.
Gerhard Müller, Küfer auf dem Berg, wurde mit Erlaubnis des Kölner Generalvikars ohne Proklamationen und in der geschlossenen Zeit des Advents mit meiner Genehmigung von dem Minoritenpater Peregrinus Herwig in der Klause mit Anna Christina Blanckenberg, der Witwe des Johannes Georg Jäger, getraut.

1722, 19. 3.: Maria Gertrudis, filia Rutgeri Helmes ex Anna Margaretha Crumbach baptizata. PP.: Joannes Reinerus Crumbach, Anna Elisabeth Crumbach et Anna Gertrudis Crumbach.

— 12. 4.: ... Rutgerus Helmes ... (LB)

---

[10] Nach Torsy 2, S. 317, Nr. 956, wurde er am 24. 9. 1689 zum Subdiakon geweiht, Beichtvollmacht erhielt er am 18. 12. 1691. Die Priesterweihe erfolgte wohl im gleichen Jahr vorher.

[11] Nach Torsy 2, S. 301, Nr. 629, Herwegh, Peregrinus, Protokoll des Generalvikariats Köln vom 21. 1. 1717, früher in der Diözese Lüttich approbiert zum Beichthören, nun für fünf Jahre in der Erzdiözese Köln.

1723, 9. 9.: Maria Josepha Christina ex Rottgero Helm et Maria Margaretha Crumbach conjugibus. PP.: Maria Elisabeth Leelmacher condicta Baum, Anna Christina Crumbach vidua Leelmacher et Joanne Josepho Fritsch.
– 18. 9.: ... et Georgio Rings. (LB)
1725, 11. 1.: Bertramus Bermelskirchen, vietor in monte. (LM)
– 8. 10.: Joannes Matthias Hermes ex Rutgero Hermes et Maria Margaretha Crumbachs conjugibus. PP.: Dominus Joannes Matthias Aldenhoven, senator, Henricus Crumbach, villicus im Haw, et Maria Catharina Lohmar, villica in Widdaw.
– 1. 12.: Joannes Georgius Rings, vietor. (LM)
1727, 16. 1.: ... Rutgerus Helmes ... (LB)
– 11. 9.: Eva Margaretha, filia Rutgeri Helmes et Mariae Margarethae Crumbachs conjugum. PP.: Joannes Jacobus Schumacher, Eva Margaretha Crumbachs et Anna Margaretha Dietzgen, condicta Ostermans.
1730, 2. 3.: In aedibus baptizatae sunt geminae ex parentibus Rotgero Helmes et Anna Margaretha Crumbachs. Nomen primogenitae Joanna Christina Helmes. PP.: Domina Joanna Christina Kneutgens, dicta Schevastes[12], et Joannes Fridericus Saar. Nomen secundogenitae Anna Maria Helmes. PP.: Anna Maria von der Gidts et Henricus Crumbach.
Zu Hause wurden die Zwillinge der Eltern Rutger Helmes und Anna Margaretha Crumbach getauft. Der Name der ersten ist Johanna Christina Helmes. Paten: Herrin Johanna Christina Kneutgen, genannt Schevastes, und Johannes Friedrich Saar. Der Name der zweitgeborenen ist Anna Maria Helmes. Paten: Anna Maria von der Gidts und Heinrich Crumbach.
– 30. 4.: ... Rotgerus Helmes: ... (LB)
1732, 31. 1.: Baptizatus est Joannes Christianus, filius Rutgeri Helmes et Mariae Margarethae Crumbachs conjugum; levantibus Christiano Wircker et Joannes Grimberg et Helena Brodessers, condicta Klein.
1734, 28. 7.: Anna Ida, filia Rutgeri Helmus et Maria Margarethae Crumbach; levantibus Anna Maria Schmitz, Maria Ida Ber-

[12] Der Schevastes-Hof liegt in Bonn-Beuel-Vilich.

tram, cujus vices supplevit soror Sybilla Christina Bertrams, et Huberto Kissel.

1735, 14. 5.: Maria Margaretha Crumbachs, condicta Helmus, propter continuum delirium extrema tantum unctione munita. (LM)
Maria Margaretha Crumbach, genannt Helmes wurde wegen dauernden Wahnsinns nur mit der Letzten Ölung versehen.

– 8. 7.: Rudgerus Helmus, viduus, sacramentis extremis munitus. (LM)

1739, 17. 2.: Infans Rutgeri Helmus. (LM)

1783, 3. 9.: Vir caelebs Mathias Breid, vietor abbatialis. (LM)

1796, 6. 3.: Obiit sanctissimis sacramentis munitus et 7. hujus sepultus est Franciscus Breidt, vietor, circiter 50-genarius.

KÜNSTLER (Bildhauer und Maler): Kün

1711, 29. 8.: ... Joannes Franciscus Langman?, Bildthawers in monte ... (LB)

1716, 18. 10.: Franciscus Bernardus, filius Jacobi Louys, pictoris, tunc tempore hic commorantis, ex Dorotea Christina N., conjuge baptizatus. PP.: Reverendissimus dominus praelatus Franciscus Bernardus de Westrem[1] et Maria Anna Schmitz adolescentula, filia Joannis Schmitz et Margarithae Saar.
Getauft wurde Franz Bernhard, der Sohn des Malers Jakob Louys, der zu dieser Zeit hier weilt, und seiner Frau Dorothea Christina N. Paten: Der hochwürdigste Herr Prälat Franz Bernhard von Westrem und die Jungfer Maria Anna Schmitz, Tochter des Johannes Schmitz und der Margaretha Saar.

1725, 10. 4.: Tobias Louis, filius domini Louis, pictoris, et Dorotheae Annae conjugum. (LM)

1726, 17. 9.: Franciscus Louis, filius N. Louis, pictoris. (LM)

1727, 13. 9.: Dominus Joannes Jacobus Louis, pictor. (LM)

[1] Vgl. Wisplinghoff, S. 173, und Niederau, S. 12.

1734, 7. 3.: Joannes Henricus, filius Matthiae Fischers et Annae Margarethae Schultes; levantibus Joannes Henricus Fischer, Matthia Kneutgen et Gertrude Camps.

– 27. 7.: Henricus Fischer cum Elisabetha Treiters[2]; testibus Tilmano Schumacher et N. Greiffrath. (LC)

1735, 8. 5.: Joannes Henricus, filius Henrici Fischer et Elisabethae Dreiters; levantibus Henrico Schulmeister, Joannes Petro Engels et Anna Christina Rölgens.

1736, 19. 8.: ... Joanne Henrico Fischer ... (LB)

1737, 3. 1.: Joannes Wilhelmus, filius Joannis Henrici Fischer et Elisabethae Treithers; levantibus Wilhelmo Molitor, cujus loco stetit Tilmannus Dietzgen, et Anna Catharina Schulmeisters.

– 26. 2.: Copulatus est Joannes Andreas Kluppel cum Sybilla Christina Frantzens; testibus domino Joanne Sommer et Berchtoldo Hüppelshüser.

– 6.10.: ... Joanne Henrico Fischer ... (LB)

– 26.12.: Maria Catharina, filia Andreae Klüppel et Sybillae Christinae Franzens; levantibus e sacro fonte Maria Catharina Bergs et Maria Catharina Kluppels, cujus loco stetit Agnes Bergs, et Matthia Fischer.

1738, 1. 1.: Maria Margaretha, filia Andreae Kluppel. (LM)

– 16. 7.: Infans domini Henrici Fischer, pictoris. (LM)

1739, 26.10.: Maria Francisca, filia domini Henrici Fischer et Annae Elisabethae Treiters; levantibus e sacro fonte domicella N.N. de Erlenkamp, cujus loco stetit Anna Elisabetha Sehrons, et perillustri domino libero barone NN. de Lutzerath, cujus loco stetit Nicolaus Stricher.

(Getauft wurde) Maria Franziska, die Tochter des Herrn Heinrich Fischer und der Anna Elisabeth Treiter. Aus dem heiligen Quell (der Taufe) hoben sie das Fräulein N.N. von Erlenkamp, deren Stelle vertrat Anna Elisabeth Sehrong, und der erlauchte Freiherr, Baron N.N. von Lutzerath, dessen Stelle vertrat Nikolaus Stricher.

1743, 12. 9.: ... Joanne Andrea Kluppel ... (LB)

– 5.11.: Maria Anna Eva, filia domini Joannis Henrici Fischer et Mariae Elisabethae Dreytels; e sacro fonte levantibus Maria Anna Eva von Pfeyl, nata de Gaugreben, cujus loco stetit Anna

[2] Später auch Dreiter und Dreytel genannt.

Catharina Schulmeister, et Joanne Wilhelmo de Luninck, cujus loco stetit Tilmannus Dietzgen.
(Getauft wurde) Maria Anna Eva, die Tochter des Herrn Johannes Heinrich Fischer und der Maria Elisabeth Dreytel. Aus dem heiligen Quell (der Taufe) erhoben sie Maria Anna Eva von Pfeyl, geborene von Gaugreben, deren Stelle vertrat Anna Katharina Schulmeister, und Johannes Wilhelm von Luninck, an dessen Stelle stand Tilmann Dietzgen.

1746, 6. 7.: Infans domini Fischer. (LM)

1748, 16. 3.: ... e sacro fonte levantibus plurimum reverendo ac perillustri domino Christophoro Adama de Zolner a Brandt[3], perillustris hujatis abbatiae capitulari, cujus loco stetit Andreas Klüppel ... (LB)

– 14. 6.: ... testibus domino Andrea Kluppel ... (LC)

1749, 14. 3.: ... e sacro fonte levantibus domino Joanne Andrea Klüppel ...

1751, 22. 11.: ... testibus Andrea Kluppel ... (LC)

1752, 15. 2.: ... testibus Andrea Kluppel ... (LC)

1756, 13. 2.: ... domino Andrea Kluppel ... (LB)

1757, 1. 1.: ... Joanne Henrico Fischer ... (LB)

– 17. 6.: ... Joanne Wilhelmo Fischer ... (LB)

1758, 27. 5.: ... Henrico Fischer ... (LB)

– 2. 8.: ... Andrea Kluppel ... (LC)

1759, 25. 8.: ... Andrea Kluppel. (LB)

1761, 8. 7.: Dominus Joannes Fischer, senator, omnibus sacramentis extremis munitus.

– 2. 10.: Joanne Andrea Kluppel ... (LB)

1762, 4. 5.: ... Andrea Kluppel. (LC)

1763, 15. 8.: ... testibus Henrico Fischer ... (LC)

– 8. 10.: Vidua Fischer, sacramentis extremis munitus.

1771, 11. 10.: Sepultus est Andreas Kluppel, senator, saepissime sacramentis munitus, aetatis sirciter 60.

1778, 19. 3.: Wilhelmus Fischer. (LM)

1781, 30. 3.: Vidua Domini Kluppel, nata Franzen. (LM)

---

[3] Vgl. Wisplinghoff, S. 180, und Niederau, S. 21.

KÜSTER, Wärter (custos): Küs

1670, 26. 2.: ... Joannes Pauls, custos in monte. (LB)
1688, 15. 8.: ... Henricus Hambloch, custos in monte ... (LB)
1690, 15. 1.: ... Henricus Hambloch, custos in monte: ... (LB)
1714, 24. 1.: ... Matthias Reymich, custos in monte ... (LB)
– 14. 8.: Matthias Reimich, Coloniensis, custos in monte, copulatus est cum Anna Maria Molitors, relicta vidua Andreae Dreysters, quondam civis ex ???

MAURER (murarius, Bawmeister): Ma

1720, 31. 8.: ... Joannes Georgius Dengel, murarius tunc temporis in monte ... (LB)
1722, 24. 7.: ... Joannes Georgius Dengel, murarius ... (LB)
1723, 18. 5.: ... Joanne Georgio Dengel ... (LB)
1725, 21. 1.: ... Joannes Georgius Dengel ... (LB)
1726, 2. 8.: ... Joannes Georgius Dengel ... (LB)
– 25. 9.: Joannes Georgius Dengel, Bawmeister auß Tyroll. (LM)

METZGER, Fleischer (lanio, Slachter): Me

1663, 11. 12.: ... Carolus, lanio reverendissimi ... (LB)
1664, 6. 7.: ... et Carolus, lanio ... (LB)
1670, 20. 8.: ... Carolus N., slachter aufm Bergh ... (LB)
1698, 10. 10.: ... Foelix Lötes, lanio in monte ... (LB)
1700, 7. 12.: ... Foelix Lötes, lanio in monte ... (LB)
1719, 20. 1.: ... Joannes Hubertus N., Slachter ufm Berg ... (LB)
1728, 20. 10.: Petrus Kevelaer, in monte Sigbergensi lanio, sacramentis munitus. (LM)

1731, 14. 3.: Obiit Foelix Lieb, lanio in monte, omnibus sacramentis satis munitus et in coemeterio sepultus est.
1755, 30. 1.: ... Petrus N., lanio in monte ... (LB)

MÜLLER (molitor): Mü

1652, 14. 1.: ... Theodorus, molitor reverendissimi ... (LB)
1653, 25. 5.: Dominica Exaudi, quae fuit 25. hujus, matrimonium inter Theodorum Saliners, molitorem reverendissimi, et quondam Christiani Brauns, civis Bonnensis, relictam viduam, contractum in facie ecclesiae a me confirmatum est.
Am Sonntag Exaudi, welcher auf den 25. Mai fiel, ist die Ehe zwischen dem Müller des hochwürdigsten (Herrn Abtes) Theodor Saliners und einer gewissen alleinstehenden Witwe des Bonner Bürgers Christian Braun, geschlossen im Angesicht der Kirche, von mir bestätigt worden.

ÖKONOM, Wirtschafter (oeconimus): Ök

1651, 4. 3.: ... Joannes Schwartz, vietor et oeconimus reverendissimi ... (LB)

ORGANIST: Or

1651, 31. 1.: ... Margaretha Schnipperlings, Christiani Flach[1], organistae uxor. (LB)

– 5.11.: Dominica quae fuit 5. Novembris, baptizata est Anna Margaretha, filia Christiani Flach, organistae. PP.: Anna, filia Schnipperlings, et Margaretha Flach, soror organistae, et Gerhardus Vetweis.

– 26.12.: ... Margaretha Schnipperlings, uxor Christiani Flach, organistae. (LB)

1653, 20. 4.: ... Margaretha Schnipperlings, Christiani Flach, organistae uxor. (LB)

1654, 14. 3.: ... Christianus Flach, organista ... (LB)

1659, 28. 9.: ... dominus Christianus Flach. (LB)

1662, 14.11.: ... Margaretha, uxor domini Christiani Flach, consulis ... (LB)

1680, 16. 2.: ... Franciscus Petrus Jamin, organista in monte ... (LB)

1682, 22. 2.: ... dominus Franciscus Jamin, organista in monte ... (LB)

1731, 11. 3.: ... Bernardus Hermans, organista in monte. (LB)

1752, 24. 2.: Bernardus Hermans, organista in monte. (LM)

PFEIFER, Flötenspieler (tibicien): Pfe

1658, 15. 1.: ... Catharina, uxor tibicinis reverendissimi praelati. (LB)

1663, 11. 8.: Copulati sunt Coloniae mea licentia Andreas Müller, reverendissimi tibicien, et Maria Demers, vidua domini Wilhelmi Knütgen.
Mit meiner Erlaubnis wurden in Köln getraut der äbtliche Flötenspieler Andreas Müller und Maria Demer, die Witwe des Herrn Wilhelm Knütgen.

[1] Es ist nicht sicher feststellbar, ob Flach Organist in der Abteikirche oder an St. Servatius Siegburg war.

PFÖRTNER (custos orium, janitor, ostiarius, portarius): Pf

1698, 16. 3.: ... Gertrudis, uxor des Portierers uffm Berg ... (LB)
1711, 19. 3.: ... Barbara, uxore janitoris in monte ... (LB)
1714, 21. 11.: ... Barbara, uxor portarii in monte. (LB)
1719, 27. 3.: ... Petrus Gasser, portarius in monte ... (LB)
1727, 20. 9.: Petrus Gasser, gewesener Pförtner aufm Berg. (LM)
1729, 8. 11.: Copulatus est adolescans Georgius Schneiser ex Meindorff[1], pro tempore custos orium in monte, cum virtuosa virgine Eva Kühlhaas ex Bödingen[2], coram me et testibus Jodoco Rindbrinck et Philippo Rheindorff, civibus Sigburgensibus.
Getraut wurde der Jüngling Georg Schneiser aus Meindorf, der zur Zeit Türhüter auf dem Berg ist, mit der tugendhaften Jungfrau Eva Kühlhaas aus Bödingen vor mir und den folgenden Zeugen, den Siegburger Bürgern Jodokus Rindbrinck und Philipp Rheindorf.
1798, 6. 10.: Wilhelmus Giesen, viduus, sanctissimus sacramentis munitus obiit et 8va hujus sepultus est, perillustris hujatis abbatiae ostiarius, circiter 70-genarius.
Mit den heiligen Sakramenten gestärkt starb der Witwer Wilhelm Giesen. Am 8. des Monats wurde er beerdigt. Er war der Pförtner der hiesigen berühmten Abtei; er war etwa 70 Jahre alt.

SCHAFHIRT (opilio): Scha

1678, 24. 3.: ... Wilhelmus Schöffer, pastor gregis montis. (LB)
1687, 17. 4.: ... et opilionis in monte uxor Agnes. (LB)
1772, 21. 12.: Henricus Lehman, opilio abbatiae, sepultus in coemeterio.

[1] St. Augustin-Meindorf, Rhein-Sieg-Kreis.
[2] Hennef-Bödingen.

SCHMIED (faber ferrarius): Schm

1650, 27.12.: die 27. baptizatus est Petrus, filius Bernardi Wertz, fabri ferrarii. Patrini fuerunt Petrus Haußman, vitriarius, et cognata quaedam puerperae ex Eckenhagen[1] mihi ignota.

1692, 18.10.: ... Joannes Wilhelmus Klingenthal, Schmied uffm Berg. (LB)

1693, 29. 3.: ... Joannes Wilhelmus Klingenthal ... (LB)

1696, vor 10.4.: Joannes Theodorus, filius Joannis Wilhelmi Klingenthal ex Maria Rütgers conjuge, quae in puerperio mortua est, baptizatus. PP.: Joannes Wilhelmus Freymuth et Agnes, soror patris. Obiit 10. Aprilis 1696.
Getauft wurde Johannes Theodor, der Sohn des Johannes Wilhelm Klingenthal und seiner Frau Maria Rütgers, die bei der Geburt starb. Paten: Johannes Wilhelm Freymuth und Agnes, die Schwester des Vaters. Er (Johannes Theodor) starb am 10. April 1696.

1697, 17. 3.: ... Joannes Wilhelmus Klingenthal ... (LB)

1698, Sept.: ... Joannes Wilhelmus Klingenthal ... (LB)

1706, 14. 3.: ... Arnoldus, faber ferrarius in monte ... (LB)

1708, 10. 4.: Joannes Henricus, filius Joannis Wilhelmi Klingenthal ex Maria Klein baptizatus. PP.: Joannes Wilhelmus Nobis, villicus in Nova Villa, et Henricus Crumbach, villicus im Haw, cum quaedam externa foemina.

1711, 21. 2.: ... Joannes Petrus Demmer, faber ferrarius et servus in monte ... (LB)

— 28. 7.: Agnes Aemilia, filia Joannis Wilhelmi Klingenthal ex Maria Klein baptizata. PP.: Petrus Olligschläger, molitor, et Aemilia Klein ex Lohmar[2] cum alia extranea muliere, uxore des Corderhalfens zu Stosdorff[3].

---

[1] Reichshof-Eckenhagen, Oberbergischer Kreis.
[2] Lohmar, Rhein-Sieg-Kreis.
[3] Hennef-Stoßdorf.

– 21. 8.: Arnoldus Keller, faber ferrarius in monte, copulatus est cum Anna Ursula Lindtlahr, filia Henrici Lindtlahr et Catharinae Brambach.

1712, 22. 4.: Joannes Theodorus, filius Arnoldi Keller, fabri ferrarii, ex Ursula Lindtlahr baptizatus. PP.: Joannes Matthias Lindtlahr, Theodorus Gressenhoven et filia N. Edmundi Kisels.

1713, 5. 11.: Joannes Conradus, filius Arnoldi Kellers ex Ursula Lindlahr baptizatus. PP.: Joannes Kamp, Conradus Fischer et Maria Margaretha Lindtlahr.

1714, 19. 3.: ... Joannes Petrus Dämer, faber ferrarius in monte ... (LB)

1715, 25. 8.: Joannes Franciscus, filius Arnoldi Kellers, fabri ferrarii, ex Ursula Lindtlahr baptizatus. PP.: Joannes Petrus Demmer, faber in monte, et Franciscus Trappe, venator in monte.

1718, 13. 1.: Henricus Antonius, filius Arnoldi Kellers ex Ursula Lindlahr baptizatus. PP.: Henricus Keller, Antonius Knütgen et Maria Lindlahr, uxor Edmundi Kisels.

1720, 23. 2.: Joannes Christianus, filius Arnoldi Kellers ex Ursula Lindlahr baptizatus. PP.: Joannes Adolphus Lindlahr, Christianus Kamp, Lucia Kraus, uxor Andreae Schuthuth.

– 16. 11.: ... PP.: Arnoldus Keller ... (LB)

1721, 28. 11.: Anna Sophia, filia Arnoldi Kellers ex Ursula Lindlahr baptizata. PP.: Joannes Petrus Braun, villicus in Nova Villa, Sophia Lindlahr, uxor Conradi Fischers, et Christina Müllers, uxor Francisci Berg.

1722, 18. 1.: ... PP.: Joannes Friedericus von der Zucht, Schmied uffm Berg ... (LB)

1724, 4. 2.: Joannes Hubertus Keller ex Arnoldo Keller et Ursula Lindlahr conjugum. PP.: Hubertus Kiesell, Joannes Knütgen et Anna Maria Sundgerath.

– 27. 6.: Joannes Philippus Schäfer, Jacobi Schäfer et Catharinae Trost filius, cum Anna Elisabetha Klingenthals, Joannis Wilhelmi Klingenthal et Maria Klein filia.

1774, 3. 12.: Ferdinandus Wester, faber ferrarius in monte. (LM)

SCHNEIDER (sartor): Schn

1681 Aug. 8.: Joannes Wilhelmus Freymuth cum Catharina Polman ??? copulatus. Testes ???

– 17. 9.: Joannes Wilhelmus Freymuht mortuus. (LB)

1682, 6. 8.: Andreas, filius Joannis Wilhelmi Freymuht ex Catharina N. legitima uxore. PP.: Andreas Freymuht et Maria Meyers, genannt Hoen.

1685, 7. 9.: Joannes Arnoldus, filius Joannis Wilhelmi Freymut et Catharinae Polmans baptizatus. PP.: Dominus Joannes Conradus Scholtes, judicii scriba, Arnoldus Grieffrad et Catharina Osteradt.

1687, 31. 12.: Maria Elisabetha, filia Joannis Wilhelmi Freymuth et Catharinae Polman conjugum baptizata est. PP.: Rutgerus Putz, Elisabetha Veen, uxor Joannis Adolphi Scholtes, et Anna Maria Freymuth, soror patris.

1690, 15. 1.: Joannes Henricus baptizatus est, filius Joannis Wilhelmi Freymuth et Catharinae Polman conjugum. PP.: Joannes Sahr, Henricus Hambloch, custos in monte, et Cunegundis Holtzem, uxor Petri Offermans.

1692, 7. 3.: Anna Barbara, filia Joannis Wilhelmi Freymuth et Catharinae Polman baptizata est. PP.: Barbara Zensen, uxor Bertrami Hüppelsheusers, Anna Margaretha Hagen et Adolphus Krebs.

1706, 12. 1.: ... Joannes Wilhelmus Freymuth ... (LB)

– 12. 3.: ... Joannes Wilhelmus Freymuth ... (LB)

– 10. 10.: ... Joannes Wilhelmus Freymuth ... (LB)

1707, 24. 6.: Baptizata est Anna Maria[1], filia Joannis Wilhelmi Freymuth ex Catharina conjuge. PP.: Gerhardus Huthscheidt, Maria N., villica uffm Heckershoff, et Margaretha Widenest.

---

[1] Sicher ist die Reihe der oben angeführten Kinder des Johannes Wilhelm Freymuth nicht vollständig. Der Erhaltungszustand des ältesten Taufbuches ist stellenweise zu schlecht, um alle Eintragungen lesen zu können. So wird ein Johannes Freymuth genannt, dem

1708, 28.10.: ... Joannes Wilhelmus Freymuth ... (LB)
1711, 16. 5.: ... Catharina N., uxor Joannis Wilhelmi Freymuth ... (LB)
– 21. 7.: ... et filius Joannis Wilhelmi Freymuth ... (LB)
1729, 1. 9.: Joannes Wilhelmus Freymuth, per multos annos sartor in monte, omnibus sanctissimis sacramentis munitus obiit et in medio ecclesiae sepultus est.
Johannes Wilhelm Freymuth, viele Jahre hindurch Schneider auf dem Berg, starb mit allen heiligen Sakramenten gestärkt. Er wurde in der Mitte der Kirche begraben.

SEKRETÄR (secretarius): Se

1654, 26. 4.: ... Hubertus Öhmen, reverendissimi nostri praelati secretarius ... (LB)
1659, 28. 9.: ... Anna Agnes Heister, clarissimi domini Huberti Ohmen uxor ... (LB)
1664, 6. 7.: ... Dominus Joannes Henricus Fronen, ejusdem domini secretarius: ... (LB)
1665, 14. 4.: ... Joannes Henricus Fronen, secretarius reverendissimi praelati ... (LB)
1674, 20. 2.: ... dominus Arnoldus Pfefferkorn, secretarius ... (LB)
1676, 14. 4.: ... Francisca Margaretha de Warde, uxor domini secretarii Pfefferkorn ... (LB)
– 16. 6.: Clara Maria Ursula, filia domini Pfefferkorn, secretarii, ex Margaretha de Warde, legitima conjuge. PP.: Dominus Balthasar de Warde et senior filia domini doctoris Becher, genannt Goltschmitt.
Klara Maria Ursula, Tochter des Herrn Sekretärs Pfefferkorn und seiner Ehefrau Margaretha von Wardt. Paten: Herr Balthasar von Wardt und die ältere Tochter des Herrn Doktors Becher, genannt Goltschmitt.

1719 ein Sohn Johannes Daniel, 1721 eine Tochter Anna Catharina und 1723 ein Sohn Johannes geboren wird. Dieser kann natürlich auch der 1685 geborene Johannes Arnold oder der 1690 geborene Johannes Heinrich sein. Nicht zu finden ist der Pate der 1721 geborenen Anna Catharina Tilmann Freymuth, der doch wahrscheinlich ein Sohn Johann Wilhelm Freymuths ist.

1677, 21. 2.: ... Fraw Anna Margaretha de Wardt, uxor domini Arnoldi Pfefferkorn ... (LB)

— 1. 4.: ... dominus secretarius Pfefferkorn ... (LB)

— 20. 7.: Christian Balthasar, filius domini secretarii Arnoldi Pfefferkorn ex Margaretha de Warde, conjuge legitima. PP.: Herr Christian Gimert, Ambts-Verwalter zu Hülscherath[1], Herr Balthasar de Ward und Maria Girtrudis Diepenbach, Herrn Daniels Stadtschreibers zu Düsseldorff conjux.

1678, 24. 3.: ... Domina Margaretha de Warde, uxor domini secretarii Pfefferkorn ... (LB)

— 27. 6.: Joannes Georgius, filius domini Arnoldi Pfefferkorn, secretarii in monte et scholteti in Sigburg, Ewenheim[2] et Moffendorpff[3], ex Margaretha de Warde. PP. extranei assistentes fuerunt: Dominus consul Venn[4] et Elisabetha, uxor domini Joannis Müller[5], consulis.

Johannes Georg, Sohn des Herrn Arnold Pfefferkorn, Sekretärs auf dem Berg und Schultheißen in Siegburg, Euenheim und Muffendorf, von der Margaretha von Wardt. Paten: Die Stelle der Auswärtigen vertraten: Herr Bürgermeister Venn und Elisabeth, die Frau des Herrn Bürgermeisters Johannes Molitor.

1679, 3. 8.: Joannes, filius clarissimi domini secretarii etc. Arnoldi Pfefferkorn ex Margaretha de Warde legitima conjuge. PP.: Clarissimus dominus licentiatus syndicus Siegburgensis Joannes Schmits, cujus loco stetit dominus consul Venn, et Elisabeth, uxor domini consulis Molitoris[6], aliisque.

Johannes, der Sohn des erlauchten Herrn Sekretärs usw. Arnold Pfefferkorn von seiner Ehefrau Margaretha von Wardt. Paten: Der erlauchte Herr Licentiat und Syndicus von Siegburg Johannes Schmitz, dessen Stelle Herr Bürgermeister Venn vertrat, und Elisabeth, die Frau des Herrn Bürgermeisters Molitor, und andere.

1680, 6. 3.: ... Margaretha de Warde, uxor domini secretarii Pfefferkorn ... (LB)

---

[1] Neukirchen-Hülchrath, Kr. Grevenbroich.
[2] Euenheim, Kr. Euskirchen.
[3] Bonn-Bad Godesberg-Muffendorf.
[4] Nach Lau, S. 222, 1674–1701 Bürgermeister.
[5] Nach Lau, S. 222, 1661–97 Bürgermeister.
[6] Vgl. Anm. 5.

— 4. 9.: Maria Catharina, filia scholteti Arnoldi Pfefferkorn ex Margaretha de Warde uxore legitima. PP.: Astantes pro aliis extraneis dominus Reinerus Holtzem[7], schabinus, Anna Catharina, uxor domini consulis Venn[8], et vidua Dambroichs.
Maria Katharina, Tochter des Schultheißen Arnold Pfefferkorn von seiner Ehefrau Margaretha von Wardt. Paten: Für andere Auswärtige standen (am Taufbrunnen) der Schöffe Herr Heinrich Holtzem, Anna Katharina, die Frau des Bürgermeisters Venn, und die Witwe Dambroich.

1681, 24. 9.: ... dominus Arnoldus Pfefferkorn ... (LB)

— 8.11.: Anna Maria, filia domini Arnoldi Pfefferkorn, scholteti[9], ex Margaretha de Warde, legitima conjuge. PP.: *(fehlen).*

1685, 5. 2.: Maria Sibilla, filia clarissimi domini Arnoldi Pfefferkorn ex Margaretha de Warde baptizata. PP.: Balthasar de Warde et Elisabeth Hoets, vidua.

1688, 15. 3.: ... Susceperunt ex baptismo nomine reverendissimi domini administratoris[10] et omnium dominorum capitularium dominus Arnoldus Pfefferkorn, secretarius et scholtetus in Siegburg, Moffendorp et Euenheim[11] ...
... Aus dem Bad der Taufe nahmen entgegen (als Paten) im Namen des hochwürdigsten Herrn Administrators und aller Herren Kapitularen Herr Arnold Pfefferkorn, Sekretär und Schultheiß in Siegburg, Muffendorf und Euenheim ...

1689, 9.11.: ... Anna Margaretha de Warde, uxor domino Arnoldi Pfefferkorn, schulteti ... (LB)

1690, 8. 9.: Joannes Godefridus Arnoldus, filius clarissimi domini Arnoldi Pfefferkorn, schulteti Sigburgensis, et Annae Margarethae de Warde conjugum baptizatus est. PP.: Reverendissimus dominus Godefidus Becker[12], presbyter metropolitanae ecclesiae

---

[7] Legte nach Lau, S. 179, am 12.9.1673 den Schöffeneid ab.

[8] Vgl. Anm. 4.

[9] Hatte nach Lau, S. 215, das Amt von 1668 bis 1719 inne.

[10] Nach Wisplinghoff, S. 172, wurde Heinrich Melchior von Nuland nach der Absetzung des Abtes Johann von Bock zu Pattern Anfang 1678 als Koadjutor und Administrator gewählt. Als solcher starb er am 15.12.1694.

[11] Vgl. Anm. 2 und 3.

[12] Nicht Janssen-Lohmann.

Coloniensis, et praenobilis domicella Agnes Elisabeth de Merode, vidua de Hilden, quorum loco steterunt dominus Joannes Wernerus de Warde, Postmeister undt Schultheiß in der Warden[13], et Elisabeth Hoets, uxor Ludovici Coblentz.
Getauft wurde Johannes Gottfried Arnold, der Sohn der Eheleute, des erlauchten Herrn Schultheiß von Siegburg, Arnold Pfefferkorn und der Anna Margaretha von Wardt. Paten: Der hochwürdigste Herr Gottfried Becker, Priester an der Kölner Metropolitankirche, und die hochadelige Freifrau Agnes Elisabeth von Merode, verwitwete von Hilden. Deren Stelle vertraten Herr Johannes Werner von Wardt, Postmeister und Schultheiß in der Wardt, und Elisabeth Hoets, die Frau des Ludwig Coblentz.

1691, 3. 4.: ... Anna Margaretha de Warde, uxor domini Pfefferkorns, scholteti ... (LB)

– 1. 11.: Philippus Anthonius, filius domini Arnoldi Pfefferkorn, scholteti, et Annae Margarethae de Warde conjugum baptizatus est. PP.: Loco externorum steterunt Ludovicus Coblentz et Christina, vidua Aldenhovens.

1715, 31. 10.: Dominus Wilhelmus Edmundus Strunck, acceptis a me dimissorialibus, circa finem Oktobris cum domini praetoris Arnoldi Pfefferkorns filia Maria Sibylla copulatus est; utrum copulatio Coloniae vel alibi facta est, nescio.
Herr Wilhelm Edmund Strunck wurde, nachdem er von mir die Überweisung erhalten hatte, gegen Ende Oktober mit Maria Sibilla, der Tochter des Herrn Prätors Arnold Pfefferkorn, getraut. Ob die Hochzeit in Köln oder anderswo stattfand, weiß ich nicht.

1725, 5. 4.: Dominus Arnoldus Pfefferkorn, hujus civitatis praetor. (LM)

1758, 8. 6.: Maria Sybilla Pfefferkorn, praetorissa, omnibus sacramentis extremis munitus. (LM)

---

[13] Hennef-Wardt.

SOLDAT (miles): So

1651, 4. 3.: ... Gerardus Kaels, inter milites reverendissimi a vigiliis locum tenens ... (LB)

1653, 14. 9.: Ipsa Exaltationis sanctae Crucis, quae incidit in dominicam, 14. hujus, baptizata est Agnes, filia Nicolai, militis reverendissimi. Patrinae: Agnes Kolzems, Wilhelmi Kolzems, quondam scribae judicii, filia, et Hildegundis, pistoris Matthaei reverendissimi uxor. Patrinus: Tilmannus, hortulanus reverendissimi. Am Fest Kreuzerhöhung, das auf den Sonntag fiel, dem 14, des Monats (September), wurde getauft Agnes, die Tochter des äbtlichen Soldaten Nikolaus. Patinnen: Agnes Kolzem, Tochter des ehemaligen Gerichtsschreibers Wilhelm Kolzem, und Hildegund, die Frau des äbtlichen Bäckers Matthäus. Pate: Tilmann, Gärtner des Abtes.

– Eodem die baptizata est ... Patrinus: Hubertus Sartor, adolescens, miles reverendissimi.

1654, 11. 10.: ... Anna Maria Marquede, uxor domini praefecti supremi excubiarum ... (LB)

1655, 10. 10.: Joannes Gerardus, filius Valentini Weinreichs, reverendissimi domini praelati (ex cohorte) militis, ex Anna Wolslägers uxore. PP.: Joannes Wolslägers et Gertrudis Wolslägers, una cum Gerardo Müsch zu Kaldauwen.

1656, 18. 2.: Anna Maria, filia Joannis ??, reverendissimi domini praelati militis, ex conjuge sua N.N. PP.: Anna Maria Flach aufm Beu et Henricus Knütgen junior.

1661, 2. 1.: ... Maria Silbereysen, uxor domini Gerardi Kaels. (LB)

1664, 1. 12.: ... uxor domini magistri vigiliarum Egimont. (LB)

SYNDIKUS: Sy

1770, 25. 5.: Baptizatus est Godefridus Henricus Schwaben, filius legitimus clarissimi domini Hyeronimi Schwaben, syndici perillustris abbatiae Siegburgensis, et Mariae Sybillae Dorells. Astantibus ut patrinis reverendissimo et illustrissimo domino libero barone de Schaumberg[1], perillustris abbatiae Siegburgensis abbate, cujus loco stetit Henricus Wolter, judicii scriba, et praenobilis domina Helena Wecus, abbatissa in Zissendorf[2], cujus loco stetit Anna Helena Kneutgen.

Getauft wurde Gottfried Heinrich Schwaben, ehelicher Sohn des erlauchten Herrn Hieronymus Schwaben, Syndikus der berühmten Abtei Siegburg, Und der Maria Sibilla Dorell. Als Paten standen bei der hochwürdigste und erlauchteste Freiherr Baron von Schaumberg, Abt der berühmten Abtei Siegburg. Dessen Stelle vertrat der Gerichtsschreiber Heinrich Wolter. Ferner die hochedle Frau Helena Wecus, Äbtissin in Zissendorf. Deren Stelle vertrat Anna Helena Kneutgen.

– 22. 6.: ... et Maria Sybilla Dorells, condicta Schwaben ... (LB)

1771, 13. 3.: ... testibus reverendo et perillustri domino Francisco libero barone de Seraing[3] et clarissimo domino Hyeronimo Schwaben, civitatis et präfecturae Siegburgensis praetore. (LC)

... Als Zeugen fungierten der hochwürdige und erlauchte Freiherr Baron Franz von Seraing und der erlauchte Herr Hieronymus Schwaben, Prätor der Stadt und Präfektur Siegburg.

– 18. 10.: Sepulta est Clara Josephina Schwaben, infans clarissimi domini syndici Schwaben.

1772, 27. 6.: Baptizata[4] est Maria Elisabetha Walburga Schwabens, filia legitima clarissimi domini syndici Hyeronimi Schwaben et

---

[1] Vgl. Wisplinghoff, S. 173f., und Niederau, S. 13.

[2] Hennef-Zissendorf.

[3] Vgl. Wisplinghoff, S. 174, und Niederau, S. 13.

[4] Eine etwas abweichende Fassung der Eintragung findet sich in der zeitgenössischen

Mariae Sybillae Dorells; levantibus ut patrinis Anna Elisabetha Steinkrügers et Ferdinando Herweg ex Bensberg, quorum loco steterunt Leonardus Dorell[5], pastor in Gymnich[6], et Maria Theresia Wicheraths, condicta Schwabens.

– 29. 8.: Maria Elisabetha, infans clarissimi domini syndici Schwaben. (LM)

1773, 19. 7.: Baptizatus[7] est Balthasar Josephus Wilhelmus Schwaben, filius legitimus clarissimi domini syndici perillustris hujatis abbatiae Hyeronimi Schwaben et Mariae Sybillae Dorells; levantibus ut patrinis amplissimo domino Balthasaro Rolshoven[8], christianitatis Tuitiensis decano et pastore in Lulstorff[9], cujus loco stetit Joannes Philippus Josephus Moreaux, et praenobili domina Caecilia Wilhelmina Pfefferkorns, vidua domini licentiati Curtius[9a].

1776, 9. 6.: ... plurimum reverendus et perillustris dominus de Seraing[10], capitularis et culinarius abbatiae Siegburgensis, cujus loco stetit clarissimus dominus Schwaben, syndicus perillustris abbatiae Siegebergensis ... (LB)

... der sehr hochwürdige und erlauchte Herr von Seraing, Kapitular und Küchenmeister der Abtei Siegburg, dessen Stelle vertrat

---

Zweitschrift des Pfarrarchivs von St. Servatius, Siegburg: *Baptizata est Maria Elisabetha Walburga, filia legitima domini Hyeronimi Schwaben, abbatiae Siegburgensis syndici, et Mariae Sybillae Dorells. Patrini: Anna Elisabetha Steinkrügers et Ferdinandus Herweg ex Bensberg, quorum loco steterunt reverendus dominus Leonardus Dorell, pastor in Gymnich, et Maria Theresia Wicheraths, condicta Schwabens.*

[5] Nach Janssen-Lohmann, Sp. 312, Nr. 364, hieß er Johann Leonhard Dörel. Er wurde am 3. 8. 1732 in Lindlar als Sohn des Halbwinners Roland D. und der Angela Grünwald geboren. Zum Priester wurde er am 12. 6. 1756 geweiht. Die Pfarrstelle von Gymnich erhielt er am 20. 1. 1771. Möglicherweise ist er der Bruder der Anna Sibilla Dorell.

[6] Erftstadt-Gymnich.

[7] Auch hier existiert eine etwas abweichende Zweitfassung: *Baptizatus est Balthasar Josephus Wilhelmus, filius legitimus domini syndici Hyeronimi Schwaben et Maria Sybillae Dorells. Patrini: Reverendus et amplissimus dominus Balthasar Rolshoven, christianitatis Tuitienssis decanus et pastor in Lulstorff, cujus loco stetit Joannes Philippus Josephus Moreaux, et domina Caecilia Wilhelmina Pfefferkorns, vidua domini licentiati Curtius.*

[8] Nach Janssen – Lohmann, Sp. 1202, Nr. 511, geb. am 14. 7. 1717 in Köln-Deutz. Zum Priester wurde er geweiht am 24. 9. 1740. Pastor von Lülsdorf wurde er am 5. 7. 1756 und Dechant der Christianität Deutz am 22. 6. 1768. Er starb am 7. 7. 1780.

[9] Niederkassel-Lülsdorf.

[9a] Nach JMJ, S. 36, hieß er Gottfried.

[10] Vgl. Wisplinghoff, S. 174, und Niederau, S. 13. Nach Wisplinghoff als Küchenmeister von 1768 bis 1777 bezeugt. Am 9. 9. 1779 wurde er zum Abt gewählt.

der erlauchte Herr Schwaben, Syndikus der berühmten Abtei Siegburg ...

– 31.10.: ... clarissimus dominus Hyeronimus Schwaben, praeclarae abbatiae Siegebergensis syndicus: ... (LB)

1778, 27. 6.: Baptizatus est Carolus Wilhelmus Ignatius Antonius, filius legitimus clarissimi domini Hyeronimi Schwaben et Mariae Sybillae Dorells. PP.: Praenobilis dominus Carolus Wilhelmus Daniels, S. P. E. Palatini praetor satrapiae Portzensis[11] et cellerarius Bensbergensis[12], et domicella Maria Theresia Berntgens ex Breitbach[13].

Getauft wurde Karl Wilhelm Ignatius Antonius, der Sohn des erlauchten Herrn Hieronymus Schwaben und der Maria Sibilla Dorell. Paten: Der hochedle Herr Karl Wilhelm Daniels, Vorsteher des Amtes Portz, seiner Herrlichkeit des Kurfürsten von der Pfalz und Kellermeister in Bensberg, und das Fräulein Maria Theresia Berntgens von (Rhein)Breitbach.

1779, 1. 9.: ... Patrini: Plurimum reverendus et perillustris dominus Franciscus liber baro de Seraing[14], perillustris abbatiae Siegebergensis cellerarius, cujus loco stetit clarissimus dominus Hyeronimus Schwaben, abbatiae hujatis syndicus, et Maria Sybilla Dorells, condicta Schwaben.

1780, 26. 5.: Infans domini praetoris Schwaben. (LM)

1782, 16. 6.: Baptizata est Susanna Helena Henrietta Walburga, filia legitima clarissimi domini Hyeronimi Schwaben, praetoris et syndici perillustris abbatiae, et Sybillae Dorels. Patrini: Susanna Helena Heckers et Henricus Thour? ex Hardenberg[15].

1783, 9. 5.: Vidua Schwabens, mater domini praetoris Schwaben. (LM)

1784, 1. 1.: ... clarissimo domino praetore Siegburgense Hieronymo Schwaben, cujus loco stetit ipsius filius Petrus Schwaben. (LB)

1787, 7. 1.: ... illustrissimo domino praetore Schwaben ... (LC)

1790, 25. 2.: Infans filia domini praetoris Schwaben Susanna. (LM)

---

[11] Bergisches Amt Porz.

[12] Bensberg, Rhein.-Berg. Kreis.

[13] Wahrscheinlich Rheinbreitbach, Kr. Neuwied.

[14] Vgl. Anm. 10. Weder Wisplinghoff noch Niederau kennen ihn als Kellner.

[15] Hardenberg-Neviges, Kr. Düsseldorf-Mettmann.

1792, 7. 6.: Obiit sanctissimis sacramentis poenitentiae et extremae unctionis munitus et 9. ejusdem sepultus est praenobilis et clarissimus dominus Hieronymus Schwaben, juris utriusque licentiatus, hujatis illustris abbatiae syndicus et civitatis hujus praetor, aetatis 62 annorum.
Gestärkt mit den heiligsten Sakramenten der Buße und der letzten Ölung starb der hochvornehme und erlauchte Herr Hieronymus Schwaben, Lizentiat beider Rechte, Syndicus der hiesigen berühmten Abtei und Prätor dieser Stadt, im Alter von 62 Jahren. Am 9. des Monats wurde er beerdigt.

1796, 12. 4.: Super tribus proclamationibus dispensati, copulati sunt dominus Joannes Philippus Schwaben[16], baptizatus in Bensberg, domini Hyeronimi Schwaben et Sybilla Dorells filius legitimus, et Elisabetha Ness, hic baptizata, Henrici Ness et Elisabetha Westings filia legitima; testibus Henrico Ness et Petro Leonardo Schwaben.

1807, 12. 6.: Maria Sibilla Schwaben, nata Dorells, obiit medio horae 10. vespertinae sanctissimis sacramentis munita, nata in Lindlahr[17], vidua pie defuncti domini Hieronymi Schwaben, praetoris, et 14. hujus sepulta est aetatis circiter 74.
Um die Mitte der 10. Abendstunde starb gestärkt mit den heiligsten Sakramenten Maria Sibilla Schwaben, geborene Dorell, aus Lindlahr, Witwe des fromm verstorbenen Prätors Herrn Hieronymus Schwaben. Sie war etwa 74 Jahre alt und wurde am 14. des Monats beerdigt.

---

[16] Vermutlich der Verfasser der „Geschichte der Stadt, Festung und Abtei Siegburg im Herzogthum Berg“, Köln 1826. Dort heißt der Verfasser Philipp Ernst. Da in Siegburg das erste Kind der Familie Schwaben 1770, 24. 5. geboren wird, war er bei Abfassung des Buches mindestens 57 Jahre alt.

[17] Lindlar, Rhein.-Berg. Kreis.

WAGENLENKER, Kutscher, Vorreiter (auriga, prorhedarius): Wa

1664, 6. 7.: Joannes Henricus, filius Joannis N., domini praelati aurigae, ex Christina conjuge. PP.: Dominus Joannes Henricus Fronen, ejusdem domini secretarius, et Carolus[1], lanio, et Eva, uxor Adolphi im Haw.

1687, 28. 12.: ... Joannes Wilhelmus Hagen in Villa Nova, auriga reverendissimi: ... (LB)

1689, Jan.?: ... Wilhelmus Hagen, auriga reverendissimi ... (LB)

– 31. 5.: Catharina Elisabeth baptizata est, filia Wilhelmi Nobis, aurigae reverendissimi, et Annae conjugum. PP.: Rutgerus Putz et Catharina Francisca Elisabeth de Kolff, condicta Gebertshagen, domicella zu der Müllen, et Elisabeth Huppelsheusers, condicta Vogt.

1691, 3. 4.: Anna Maria, filia Wilhelmi Nobis, aurigae reverendissimi, et Annae conjugum baptizata est. PP.: Joannes Mohl, pistor in monte, et Anna Margaretha de Warde, uxor domini Pfefferkorns, scholteti, et Catharina Kochs, uxor Gerhardi Meurers, sartoris.

1696, 29. 11.: ... Wilhelmus Nobis, villicus (in Villa Nova) ... (LB)

1698, 16. 3.: ... Wilhelmus Nobis, villicus im Newenhoff ... (LB)

1705, 16. 8.: ... Catharina Elisabeth, filia Wilhelmi Nobis. (LB)

1706, 21. 1.: ... Martinus Nobis, aurigae reverendissimi ... (LB)

1712, 15. 3.: ... Martinus Nobis, auriga reverendissimi praelati. (LB)

1719, 19. 2.: ... Martinus Nobis, auriga reverendissimi ... (LB)

– 24. 3.: ... Martinus Nobis, auriga reverendissimi ... (LB)

1720, 17. 1.: ... Martinus Nobis, auriga reverendissimi ... (LB)

1728, 13. 7.: Obiit Hilgerus Holzem, aquis in Siga suffocatus, prorhedarius reverendissimi et perillustris domini abbatis Francisci Bernardi liberi baronis de Westrem[2].

---

[1] Mehrfach als Taufpate genannt, aber immer ohne Nennung des Zunamens; s. unter Metzger.

[2] Zu ihm vgl. Wisplinghoff, S. 173, und Niederau, S. 12.

Es starb der Vorreiter des hochwürdigsten und erlauchten Herrn Abtes Franz Bernhard Baron von Westrem, Hilger Holzem durch Ertrinken in den Wassern der Sieg.

1730, 18. 4.: Wilhelmus Pörtz, prorhedarius reverendissimi domini abbatis, copulatus est cum Anna Catharina Beckers, Christiani Keller relicta vidua, coram me et testibus Joanne Henrico Meys et Antonio Knütgen.

Wilhelm Pörtz, Vorreiter des hochwürdigsten Herrn Abtes, wurde mit Anna Katharina Becker, Witwe des Christian Keller, vor mir und den Zeugen Johannes Heinrich Meys und Antonius Knütgen getraut.

1802, 31. 8.: Joannes Franciscus Alfter, 31ma Augusti, pridie natus, baptizatus est Francisci Alfter, aurigae[3], et Catharinae Lückers, copulatorum in Eitorff, filius legitimus, patrinis reverendissimo ac illustrissimo domino L. B. de Speyart[4], hujatus abbatiae abbate, et domina Eleonora Michels, priorissa in Merten[5], quorum vices suppleverunt Ferdinandus Gödders, et Agnes Lützenkirchen, dicta Cremer.

Johannes Franzikus Alfter wurde nach seiner Geburt am Vortage am 31. August getauft als Sohn des Kutschers Franziskus Alfter und der Katharina Lücker, die in Eitorf getraut wurden. Paten waren der hochwürdigste und erlauchteste Herr Baron von Speyart, Abt der hiesigen Abtei, und die Herrin Eleonora Michels, Priorin in Merten. Deren Stelle vertraten Ferdinand Gödderz und Agnes Lützenkirchen, genannt Cremer.

1803, 3. 1.: ... Matthias Frey, rhedarius anterior hujatis abbatiae... (LB)

1806, 15. 7.: Joannes Adolphus Alfter, 15. Julii, die Martis, circa horam 11. meridianam sub N. 96 in civitate, obstetricante Klein, 2. partu genitus, et 17. hujus a domino sacellano baptizatus est Francisci Alfter, aurigae, et Catharinae Lückers, copulatorum

[3] Es ist nicht sicher, daß er der Kutscher des Abtes war, aber doch sehr wahrscheinlich, denn beim ersten Kind wird der Abt Pate und beim zweiten, s. unten 1806, 15. 7., ist eine Abteiangestellte Patin. Folgende weitere Kinder werden im Taufbuch noch genannt: 1809, 16. 3., Mauritius; 1812, 21. 4., Anna Maria; 1814, 28. 3., Johanna Sibilla; 1816, 20. 5., Johannes Laurentius; 1820, 26. 1., Laurentius.

[4] Vgl. Wisplinghoff, S. 174f., und Niederau, S. 14.

[5] Merten, Rhein-Sieg-Kreis.

in Eitorf[6], filius legitimus, patrinis Joannae Adolpho Keller, villico in Mühldorf[7], et Anna Margaretha Rheindorf, ancilla in hujate abbatia.
Johannes Adolf Alfter wurde am Mittwoch, dem 15. Juli, gegen 11 Uhr mittags im Hause 96 in der Stadt unter Mithilfe der Hebamme Klein als 2. Kind geboren und am 17. des Monats vom Herrn Kaplan getauft. Er ist der Sohn des Kutschers Franz Alfter und der Katharina Lücker, die in Eitorf getraut wurden. Paten waren Johann Adolf Keller, Gutsverwalter in Mülldorf und Anna Margaretha Rheindorf, Magd in der hiesigen Abtei.

WINZER (vinitor): Wi

1651, 4. 3.: Die 4. baptizatus est Joannes Gerardus, filius vinitoris reverendissimi intra civitatem, nomine Adolphus. Astantes patrini: Joannes, nomine Schwarz, vietor et oeconimus reverendissimi, nec non Gerardus Kaels, inter milites reverendissimi a vigiliis locum tenens. Patrina: Margaretha Widmars, Georgii Rader[1] consulis uxor.
Am 4. Tag (des März) wurde getauft Johannes Gerhard, der Sohn des äbtlichen Winzers in der Stadt namens Adolf. Als Paten standen dabei: Johannes, mit Zunamen Schwarz, Küfer und Ökonom des hochwürdigsten Herrn, ferner Gerhard Kaels, Leutnant der Wachsoldaten des hochwürdigsten Herrn. Patin: Margaretha Widmar, die Frau des Bürgermeisters Georg Rader.

1652, 7. 4.: Ejusdem mensis 7., quae erat Dominica in Albis[2], baptizata est Maria, filia Adolphi, quondam vinitoris reverendissimi. Patrinus: Joannes Schwarz, concivis noster. Patrinae: Maria,

[6] Eitorf, Rhein-Sieg-Kreis.
[7] Siegburg-Mülldorf.

[1] Nach Lau, S. 222, 1632–1638 Bürgermeister.
[2] Sonntag nach Ostern. Nach Grotefend I, S. (52/53) fiel 1652 Ostern auf den 31. März, damit der Weiße Sonntag auf den 7. April.

Adolphi Verstadt, concivis nostri uxor, et Maria Schauff, Rutgeri Putz, concivis nostri uxor.
Am 7. des gleichen Monats, welches der Weiße Sonntag war, wurde Maria getauft, die Tochter Adolfs, ehemaligen Winzers des hochwürdigsten Herrn. Pate: Johannes Schwarz, unser Mitbürger. Patinnen: Maria, die Frau unseres Mitbürgers Adolf Verstadt, und Maria Schauff, die Frau unseres Mitbürgers Rutger Putz.

– 27. 5.: Ejusdem mensis 27. die baptizatus est Petrus, filius vinitoris reverendissimi. Astantes patrini: Petrus, Matthaei, pistoris reverendissimi, filius et Joannes Bours. Patrina: Anna, Bernardi uffm Steinwegs uxor.
Am 27. des gleichen Monats wurde getauft Peter, der Sohn des äbtlichen Winzers. Als Paten standen dabei: Peter, der Sohn des äbtlichen Bäckers Matthäus, und Johannes Bours. Patin: Anna, die Frau des Bernhard auf dem Steinweg.

1655, 7.11.: Wilhelmus Asbach adolescens, Petri Asbach, vinitoris reverendissimi domini praelati, et Catharinae, ejus conjugis filius, cum Gerdrude Webers ex Wolfstorpf, puella, Joannis Webers et ejus conjugis N. legitime nata filia. Testes: Utriusque parentes.
Der Jüngling Wilhelm Asbach, Sohn des Winzers des hochwürdigsten Herrn Prälaten und seiner Frau Katharina, wurde (getraut) mit dem Mädchen Gertrud Weber aus Wolsdorf, eheliche Tochter des Johannes Weber und seiner Frau N. Zeugen waren die Eltern von beiden.

1657, 19. 6.: ... Petrus, vinitor im Newenhoff ... (LB)

1664, 7.12.: Anna Eva, filia vinitoris reverendissimi im Newenhoff, ex N. conjuge. PP.: Uxor vinitoris Henrici Winchenß in der Berggassen, et virgo N.

1669, 22. 4.: Margaretha, Joannis hortulani nunc vinitoris abbatis reverendissimi, ex N. Bodingensi[3]. PP.: Ignoti.

– 23. 6.: Margaretha, filia Winandi, vinitoris im Newenhoff, ex Margaretha uxore. PP.: Margaretha von Geislhar[4] et Rutgerus Dick von Rheidt[5].

[3] Hennef-Bödingen, Rhein-Sieg-Kreis.
[4] Bonn-Beuel-Geislar.
[5] Niederkassel-Rheidt, Rhein-Sieg-Kreis.

1675, 2. 5.: Joannes Arnoldus et Joannes Wilhelmus, filii gemelli N.N. vinitoris im Newen Hoff, ex N. uxore legitima. PP.: Joannes Molitor[6], consul, et Joannes Wilhelm, Halfmann im Newenhoff, etc.

1680. 19. 3.: ... Jumpertus Meisenbach, vinitor, etc. (LB)

1681, 1. 5.: Jumpertus Meisenbach, viduus ex Wolsdorf, copulatus cum Sibilla Kleins, Michaelis Klein in Lohmar[7], filia.

1687, 8. 7.: Petrus Wintgen, filius Henrici Wintgen, vinitoris in monte, in facie ecclesiae copulatus est cum Anna Margaretha Pliersbach, filiae Antonii Pliersbach ex Wolsdorff.
Peter Wintgen, Sohn des Winzers auf dem Berg Heinrich Wintgen, wurde vor der Kirche getraut mit Anna Margaretha Pliersbach, der Tochter des Antonius Pliersbach aus Wolsdorf.

1688, 25. 4.: ... et Jumperti Meisenbach, vinitoris domini praepositi sancti Cyriaci[8] uxor Sybilla. (LB)

1694, 27. 2.: ... Gertrudis N., famula Jumperti Meisenbach ... (LB)

– 7. 3.: Antonius Tischenborn exhibita archiepiscopali dispensatione super tertio gradu consanguinitatis et tempore clauso copulatus est cum Elisabetha de Tischenborn, Joannis de Tischenborn, quondam vinitoris reverendissimi, relicta filia.
Nach Erteilung der Dispens durch den Erzbischof wegen des dritten Verwandtschaftsgrades und der geschlossenen Zeit wurde Antonius Tischenborn getraut mit Elisabeth von Tischenborn, verwaister Tochter des Johannes von Tischenborn, ehemaligen Winzers des hochwürdigsten Herrn.

– 28. 4.: ... Jumpertus Meisenbach ... (LB)

1696, 12. 3.: Sibilla, filia Joannis Widenhoven, vinitoris im Newenhoff, ex Gertrude conjuge baptizata est. PP.: Joannes Osteroth, Sibilla Plackenfelders ? filia, villici in Newenhoff, et Sibilla, uxor Jumperti Meisenbach ex Wolstorff.

1697, 8. 1.: ... Sibilla N., uxor Jumperti Meisenbach ... (LB)

– 30. 3.: ... Gerardus N., vinitor im Newenhoff ... (LB)

1698, 19. 3.: ... Jumperti Meisenbach, uxor ... (LB)

---

[6] Nach Lau, S. 222, 1657–1660 und 1661–1679 Bürgermeister.

[7] Lohmar, Rhein-Sieg-Kreis.

[8] Zur Siegburger Propstei St. Cyrik bei Overath vgl. Wisplinghoff, S. 74 f.

1701, 6. 1.: Michael Titzhöffer, filius Joannis Titzhöffers, villici ad sanctum Cyriacum[9], copulatus est cum Sibilla N., relicta vidua Jumperti Meisenbach ex Wolstorff.

1705, 16. 8.: Catharina Gertrudis, filia Conradi Terrenbach, vinitoris im Newenhoff, ex Maria N. baptizata. PP.: Henricus N. von Bödingen[10], Gertrudis N., dicta Sülzens ex Müllendorf[11], et Catharina Elisabeth, filia Wilhelmi Nobis.

1708, 22. 4.: Baptizata est Maria Catharina, filia Henrici Hoen, vinitoris in der Praesenzmeisterey[12] ex Catharina conjuge. PP.: Franciscus Eich, Catharina Schwanners et Anna Maria Höen.

– 5. 8.: Baptizata est Anna Ursula, filia Conradi Terrenbach, vinitoris im Neuhof, ex Maria conjuge. PP.: Hubertus Klein, Ursula villica zu Widau et Anna Maria, uxor Wilhelmi Nöltgen.

1710, 7. 4.: Sibilla Elisabeth, filia Conradi Terrenbach ex Maria conjuga baptizata. PP.: Joannes Petrus Braun, villicus in Villa Nova, Sibilla, filia Joannis Aldenhovens, vinitoris im Newenhoff, et Elisabetha, soror puerperae.

1711, 19. 3.: Barbara, filia Henrici Höen, vinitoris in der Präsenzmeisterey[13], ex Catharina N. conjuge baptizata. PP.: Conradus Honrad, servus hortulani, Barbara, uxor janitoris in monte, et Anna Catharina N., soror puerperae.

– 3. 5.: Catharina Gertrudis, filia Hermanni Orts, vinitoris im Nevenhoff, ex Maria Catharina N. uxore baptizata. PP.: Conradus Terrenbach, vinitor quoque ibidem, et Catharina, affinis ejus ex Berchem[14], et Gertrudis N., uxor Wilhelmi Nobis, villici in Villa Nova.

1712, 20. 12.: Anna Elisabetha, filia Hermanni Orth, vinitoris im Newenhoff, ex Maria Catharina N. PP.: Antonius Höver, Elisabetha Burbachs, uxor Daniels Curtii.

1713, 31. 12.: Joannes Bertramus, filius Conradi Terrenbach ex legitima conjuge baptizatus. (PP.): Bertramus Stöcker, Franciscus Klein, Maria Catharina Beckers.

---

[9] Vgl. Anm. 8.
[10] Hennef-Bödingen, Rhein-Sieg-Kreis.
[11] Sankt-Augustin-Mülldorf, Rhein-Sieg-Kreis.
[12] Vgl. hierzu Wisplinghoff, S. 51, 143, 145 und 147.
[13] Vgl. Anm. 12.
[14] Troisdorf-Bergheim, Rhein-Sieg-Kreis.

1714, 21.11.: Joannes Godefridus, filius Hermanni Orth, vinitoris in Villa Nova, ex Maria Catharina N. conjuge. PP.: Joannes Orth, frater parentis, et Godefridus Pfastenrath, venator in monte, et Barbara, uxor portarii in monte.

1715, 18. 4.: ... Gertrudis Beckers, uxor vinitoris in Villa Nova ... (LB)

– 8. 9.: Duae proles Hermanni Orth, vinitoris im Newenhoff, me impedito baptizatae sunt a patre praesidente in Clusa, P. Sigeberto Müller[15]; cujus prioris nomen in baptismo datum Joannes Petrus, cujus PP.: exstitere Joannes Petrus Braun, villicus in Villa Nova, et Christina Altenhoven; alterius nomen est Conradus, cujus PP. Conradus hortulanus et Catharina Elisabetha Nobis, villica in Villa Nova.

Da ich verhindert war, wurden die beiden Kinder des Winzers aus dem Neuenhof Hermann Orth von dem Pater Vorsteher der Klause, Pater Siegbert Müller, getauft. In der Taufe wurde dem ersten der Name Johannes Peter gegeben. Seine Paten sind Johannes Peter Braun, Gutsverwalter auf dem Neuenhof, und Christina Aldenhoven. Dem zweiten wurde der Name Konrad gegeben. Seine Paten sind der Gärtner Konrad und Katharina Elisabeth Nobis, Gutsverwalterin auf dem Neuenhof.

1716, 1.11.: Anna Gertrudis, filia Hermanni Orth, vinitoris in Nova Villa, ex Maria Catharina Beckers baptizata. PP.: Petrus Pieck et Anna Gertrudis Holtzem.

1719, 7.11.: Christianus, filius Hermanni Orth, vinitoris im Newenhoff, ex Maria Catharina Beckers baptizatus. PP.: Christianus Becker et Maria Magdalena Beckers, frater et soror puerperae.

1722, 8. 2.: Anna Elisabeth, filia Hermanni Orth ex Maria Catharina Beckers baptizata. PP.: Petrus Grieffrath, Anna Lucia Asbach, Elisabeth, villica ufm Klinckenberg.

1723, 27. 5.: ... Herman Orths ... (LB)

1725, 18.11.: Adolphus Lohrtz, filius Bertrami Lohrtz et Gertrudis N. conjugum, copulatus est cum Anna Margaretha Orts, filia Hermanni Orts et Mariae Catharinae Beckers conjugum. (LC)

---

[15] Nicht Torsy.

1726, 15.10.: Copulatus est Joannes Petrus Robertz, filius Christiani Robertz et Agnetis Kourth conjugum, cum Maria Constante Höen, filia Henrici Höen et Catharinae Klein conjugum.

ZIEGELBÄCKER (tegularius): Zi

1651, 20.11.: ... Elisabeth, filia tegularii et villici reverendissimi uff der Haws. (LB)

EXKURS ZU DEN SIEGBURGER KÜNSTLERN

Johannes Franziskus Langman ist möglicherweise der Schöpfer der beiden fast lebensgroßen Figuren der beiden Abteipatrone Michael und Mauritius. Auf der von Johannes Andreas Klüppel 1744 geschaffenen Federzeichnung von Annos Heiligsprechung[1] sind beide Figuren eindeutig rechts und links des Hochaltares zu erkennen. Der dort gezeichnete Hochaltar könnte ebenfalls von ihm stammen, denn er ist dem Stil nach als Hochbarock zu bezeichnen und sicher nicht der Altar,dessen Mittelteil 1935 aus Süchterscheid wieder in dieAbtei zurückkehrte. Dieser Altar stammt aus dem späten Barock und dürfte nach 1750 den strengeren frühbarocken Altar ersetzt haben. Er steht heute in der Hauskapelle der Abtei[2].
Ob die beiden anderen Figuren, die aus der alten Abtei stammen und die Heiligen Anno und Bonifatius darstellen, auch von ihm sein können, müßte eine Stiluntersuchung klarlegen. Diese vier Figuren, die von der alten Abtei Siegburg stammen, kamen nach der Säkularisation nach Uckerath. Von dort fanden sie teils vor, teils nach dem letzten Krieg den Weg in die Abtei zurück[3].

---

[1] Abb.: Busch, Siegb., S. 27; 50 Jahre Druckerei und Verlag Franz Schmitt OHG Siegburg (Festschr. Schmitt), Siegburg 1975, letztes Bild, ohne Seitenzählung. Dort auch Beschreibung des Bildes. Eine weitere Beschreibung in: Museum der Abtei Siegburg, Katalog, SS. XIV, Siegburg 1983, S. 22f.

[2] Abb.: Weber – Mittler, Geschichte der Abtei Michaelsberg Siegburg seit 1914, Heimatbuch der Stadt Siegburg, herausgeg. v. Herm. Jos. Roggendorf, Siegburg 1967, Abb. 79; auch im gleichnamigen Sonderdruck, Abb. 16.

[3] Zusammen mit den beiden aus der Abtei Heisterbach stammenden Apostelfiguren der Hl. Petrus und Paulus wurden sie 1985 von dem Restaurator und Maler Minn neu gefaßt und im Mittelschiff der restaurierten Abteikirche aufgestellt. Abb. mit den ersten vier Figuren (ohne Michael und Mauritius) im Bericht über die „Restaurierungsarbeiten im Mittelschiff der Abteikirche auf dem Michaelsberg in Siegburg“ von Werner Fritzen, Jahrbuch des Rhein-Sieg-Kreises 1986, S. 44.

Über die Person des Bildhauers, der nur als Taufpate in unseren Quellen genannt wird, läßt sich hieraus zunächst nichts weiteres sagen.
Johannes Jakobus Louis dürfte so etwas wie der Hofmaler des prachtliebenden Abtes Franz Albert Bernhard von Westrem[4] gewesen zu sein. Es sind keine Gemälde in der Abtei vorhanden, die ihm zuzuweisen wären. Das 1970 in die Abtei zurückgekehrte Bild des Abtes Eugen Theodosius Hoen von Cartiels[5], v. Westrems Vorgänger, ist sicher zu dessen Lebzeiten gemalt. Der Maler Louis wird aber erstmals 1716 anläßlich der Taufe seines Sohnes Franz Bernhard in unseren Quellen genannt, wobei übrigens der Abt v. Westrem Taufpate ist. Da dieser sich nicht durch einen anderen vertreten läßt, wie das sonst häufiger vermerkt ist, deutet dies auf ein enges Verhältnis von Abt und Maler hin. Ausdrücklich wird aber auch notiert, daß er damals in Siegburg weilte, offenbar also nicht aus Siegburg stammte.
Der 1725 verstorbene Sohn Tobias wird in den Siegburger Taufbüchern nicht erwähnt. Auch der 1716 geborene Sohn Franz Bernhard stirbt bereits im Alter von fast zehn Jahren. Ein Jahr später stirbt der Maler selbst; er wird *dominus* – Herr – tituliert. Wie alt er wurde, geht aus unseren Quellen nicht hervor.
Johannes Andreas Klüppel stattete die Sammelhandschrift künstlerisch aus, die der Siegburger Prior und Archivar Zolner von Brandt 1744 schrieb. Diese Handschrift enthält die ältere Annovita, Annos Stammbaum, zwei Reimviten Annos, die Zolner selbst dichtete, und das Siegburger Mirakelbuch.
Vermutlich von der Hand Zolners findet sich auf der Titelseite unten folgende Eintragung: *Fidelis civis Andreas Klüppel reverentia, devotione pinxit.*
Außer einigen Zierseiten und Vignetten ist das Buch mit vier ganzseitigen Bildern geschmückt. Drei von ihnen befinden sich am Anfang der drei Bücher der Annovita mit folgenden Motiven: Anno als Gründer der Abtei; Anno bei seinen Siegburger Mönchen; Annos Tod und Begräbnis. Das vierte Bild zeigt Annos Heiligsprechung in der Siegburger Abteikirche[6]; es ist dem Bericht über die Heiligsprechung und den Mira-

---

[4] Vgl. zu ihm E. Wisplinghoff, Die Benediktinerabtei Siegburg, Germania sacra, N.F. 9, Erzbistum Köln 2; Berlin 1975, S. 173 und Reg.; Ergänzungen bei K. Niederau, Siegburger Konventualen, SS. XI, S. 12f.

[5] Abb. SS. XI, Nr. 1; zur Person des Abtes die gleichen Angaben wie Anm. 4.

[6] Alle Abbildungen mit genauer Erklärung von mir in der Festschrift: 50 Jahre Druckerei und Verlag Franz Schmitt OHG Siegburg, Siegburg 1975. Erklärungen zu den Bildern

kelberichten vorangestellt. Es handelt sich um lavierte Tuschzeichnungen.
Johannes Andreas Klüppels Taufeintragung findet sich nicht in den Siegburger Taufbüchern. Da er 1771 im Alter von etwa 60 Jahren starb, ist er um 1711 geboren worden. Am 26. Februar 1737 heiratete er Sibilla Christina Frantzen. Genau zehn Monate später, am 26. Dezember 1737, wird eine Tochter getauft, die dem Ehepaar Klüppel – Frantzen wohl am gleichen Tag geboren worden war. Als Patin fungiert eine Maria Katharina Kluppel, wohl eine Schwester oder die Mutter Andreas Klüppels. Sie wird aber bei der Taufe durch eine Agnes Berg vertreten. Dies läßt darauf schließen, daß sie nicht in Siegburg oder in der Nähe wohnte. So wird es auch dadurch wahrscheinlich, daß J. A. Klüppel kein eingeborener Siegburger war. Das Kind stirbt aber bereits fünf Tage später, wobei es im Totenbuch am 1. Januar 1738 nicht Maria Katharina, sondern Maria Margaretha genannt wird. Solche Namensverwechslungen kommen aber leider öfters in unseren Büchern vor. Weitere Kinder scheint das Ehepaar nicht mehr bekommen zu haben, jedenfalls tauchen in unseren Taufbüchern keine mehr auf.
Mehrfach fungiert J. A. Klüppel als Taufpate und Trauzeuge. Als er 1771 stirbt, wird er im Totenbuch als *Senator* – Ratsherr bezeichnet. Seine Frau überlebte ihn um etwa 9½ Jahre; sie starb am 30. März 1781.
Man kann aus den dürftigen Quellen, die hier bearbeitet wurden, vielleicht noch den Schluß ziehen, daß sich aus der Zusammenarbeit mit dem Siegburger Prior und Archivar Zolner von Brandt so etwas wie eine freundschaftliche Bindung entwickelte, denn am 16. März 1748, also etwa vier Jahre nach der Fertigstellung der Annobilder, vertritt er diesen als Taufpate. Wann er Ratsherr wurde, zeigen unsere Quellen natürlich nicht an, aber er wird ab 1748 mehrfach *dominus* genannt.
Er war auch Mitglied der von Pastor Anselm Averdunck gegründeten Jesus-Maria-Josef-Bruderschaft[7]. Dort wird auch ein Gervasius Klüppel[8] genannt, der möglicherweise ein Bruder unseres Andreas war.
Die Malerfamilie Fischer bedarf einer umfangreicheren Erörterung. Drei Angehörige mit folgenden Namen lassen sich als Maler oder

---

ebenfalls: Museum der Abtei Siegburg, Katalog SS. XIV, I, 7–10, S. 19 ff., Siegburg 1983. Abbildungen: St. Anno und seine vielliebe Statt, herausgeg. v. Gabriel Busch, Siegburg 1974, Ss. 522, 448, 214 und 443.

[7] IMI, S. 2.

[8] IMI, S. 35.

Zeichner nachweisen: Johannes Heinrich Fischer der Ältere, Johannes Heinrich Fischer der Jüngere und Johannes Wilhelm Fischer.
Da ich diese Fischers als Malerfamilie bezeichnete, zunächst ein paar Worte zu ihren verwandtschaftlichen Beziehungen. Am 27. Juli 1734 wird ein Heinrich Fischer, der später auch Johannes Heinrich genannt wird, mit Elisabeth Dreiter[9], auch Treiter und Dreitel, mit Namen auch Anna Elisabeth und Maria Elisabeth genannt, getraut. Dem Ehepaar werden folgende Kinder geboren: Johannes Heinrich am 8. Mai 1735; Johannes Wilhelm am 3. Januar 1737; Maria Franziska am 26. Oktober 1739 und Maria Anna Eva am 5. November 1743. Den Namen eines wohl kurz nach der Geburt am 16. Juli 1738 verstorbenen Kindes kennen wir nicht.
Die Eintragung vom 16. Juli 1738 ist insofern von großer Bedeutung, als dort Heinrich Fischer als *pictor* – Maler bezeichnet wird.
Dieser Maler Johann Heinrich Fischer ist wahrscheinlich der Maler von vier großformatigen Bildern[10], die bis 1812 in der Abtei hingen, dann in die St.-Servatius-Kirche zu Siegburg kamen, später den Saal des alten, 1985 abgerissenen Servatius-Hauses schmückten und nun als Leihgabe im Refektorium der Abtei Michaelsberg hängen. Sie sind nicht signiert. Vom gleichen Maler dürften auch die drei Bilder zur Abteigeschichte gehören, die von Zolner von Brandt, dem Siegburger Prior und Archivar in Auftrag gegeben wurden, wie die zwischen den Inschriften angegebenen Wappen beweisen[11]. Wie gesagt, alle diese Bilder sind nicht signiert, aber die vier ersten haben die gleiche Größe wie vier weitere Bilder, die der jüngere Johann Heinrich Fischer malte, wie die Signatur auf zwei dieser Bilder beweist. Auch diese vier Bilder hatten den gleichen Weg nach der Aufhebung der Abtei wie die vier älteren. Wie Frau Dr. Irmingard Achter feststellte[12], stammen sie von dem gleichen Mann, der auch viermal den letzten Abt der alten Abtei, Johann Speyard von Woerden, malte.

---

[9] IMI, S. 13 eingetragen.
[10] Abbildungen: SS. XI, Nr. 12–15; kurze Beschreibung ebda., S. 90f.; bunte Abb. in Gabriel Busch, Trost der Bilder, Siegburg (Tr. d. B.), S. 117, 119 und 121 (Bonifatius wegen schlechtem Erhaltungszustand nicht abgebildet).
[11] Vgl.: SS. XI, S. 92ff.; Abb.: Busch, Anno, S. 193, S. 450 u. S. 561, ferner Tr. d. B., Ss. 35 u. 36.
[12] I. Achter, Das Bildnis des Siegburger Abtes Johann Speyart in Kaiserswerth, SS. XI, S. 95ff. Dort Abb. 2. Die anderen drei Bilder, W. Bers, Der letzte Abt von Siegburg bei Aufhebung der Abtei im Jahre 1803, SS. I, S. 57ff.; Abb.: nach Ss. 54, 58 u. 60.

Doch nun zunächst zurück zu Johann Heinrich Fischer dem Älteren. Wahrscheinlich ist er der *dominus Joannes Fischer*, der am 8. Juli 1761 starb. Gut zwei Jahre später, nämlich am 8. Oktober 1763, wird der Tod einer *vidua Fischer* gemeldet, die seine Frau Elisabeth Dreiter gewesen sein kann.

Der Maler Johannes Heinrich Fischer der Jüngere ist wahrscheinlich der Sohn des älteren Johannes Heinrich. Wahrscheinlich muß man deshalb sagen, weil es einen 14 Monate älteren Namensvetter in Siegburg gibt, den Sohn des (Bäckers) Matthias Fischer und der Anna Margaretha Schultes. Vermutlich hat aber der Sohn beim Vater gelernt und nicht der Vetter. Da der Maler Johannes Heinrich der Ältere Pate über den Sohn des Bäckers ist, dürften er und der Bäcker Matthias Fischer verwandt, vermutlich Brüder gewesen sein. Damit wären die beiden jüngeren Johannes Heinrich Fischer Vettern.

Das Oevre dieses Malers ist uns weitgehend bekannt. Wie oben schon angedeutet, stammen von ihm die vier jüngeren Bilder[13] mit Heiligendarstellungen, von denen zwei, nämlich Agatha und Johannes Nepomuk, signiert sind. Diese Bilder unterscheiden sich von den vier älteren durch ihre flüssigere gekonntere Malweise. Die Figuren sind selbst kleiner als bei den älteren. Dafür ist mehr Beiwerk im Umfeld vorhanden. Ebenfalls stammen von ihm alle vier Bilder des letzten Siegburger Abtes[14]. Das erste ist 1764 gemalt und zeigt Johannes Speyard als jungen Mönch. Ebenfalls 1764 wurden die Bilder vom Annoschrein[15] gemalt, die heute in Belecke im Sauerland in der dortigen Propsteikirche aufbewahrt werden. Auch sie dürften aller Wahrscheinlichkeit von J. H. Fischer des Jüngeren stammen. Aber unser Fischer war nicht nur für die Abtei Siegburg tätig, sondern er war auch unter dem Kölner Kurfürsten und Erzbischof Max Friedrich von Königsegg Hofmaler[16]. So stammt denn von ihm auch das Bild des obengenannten Kurfürsten, das heute noch im großen Saal des alten Bonner Rathauses hängt.

Mit Sicherheit kennen wir von dem jüngeren Bruder Johann Wilhelm Fischer nur zwei Zeichnungen des Annoschreins. Sie befinden sich in der

---

[13] Kurzbeschreibung, SS. XI, S. 91, Nr. 5–8; Abb. ebda. 16–19. Bunte Abb. Tr. d. B., Ss. 125, 127, 129 u. 130.

[14] Vgl. Anm. 12.

[15] Mehrfach abgebildet und beschrieben, so G. Zehnder, Der Siegburger Servatiusschatz, Heimatbuch der Stadt Siegburg, 2, Siegburg 1967, S. 388 ff., Abb. 144–147; Monumenta Annonis (MA), E 2, S. 188 ff.; Busch, Anno, S. 354 ff.; Tr. d. B., S. 16 ff.

[16] Vgl. Achter, Bildnis, SS. XI, S. 97.

Hs. lat. 9275 der Bibl. Nat. von Paris[17]. Außer den beiden Seiten des Schreins sind Stab, Weihekamm, Kelch und Trinkhorn Annos dargestellt. Zwischen Stab und Schrein steht die Inschrift: *Joannes Wilhelmus Fischer Siegbergensis delineavit.* Möglicherweise stammen von ihm auch noch zwei Andachtsbildchen bzw. die Entwürfe dazu. Da ist zunächst einmal der Kupferstich aus der Mitte des 18. Jahrhunderts, der Anno vor der Abteikirche zeigt[18], dann ein anderer Kupferstich mit der Abbildung der Abtei und ihren Patronen, das von Johann Fischer entworfen und von einem F. R. S. in Kupfer gestochen wurde[19]. Beide können auch von Johann Heinrich Fischer stammen. Es gibt eben zu wenig Vergleichsmöglichkeiten.

Diese auf wenigen örtlichen Quellen beruhenden Ergebnisse mögen dazu anregen, die hier in Siegburg tätigen Künstler einer eingehenderen Untersuchung zu unterziehen, damit vielleicht Vermutungen bestätigt, oder aber auch berichtigt werden können, auf jeden Fall aber Ergänzungen erfahren können.

---

[17] Abbildungen: Busch, Anno, Ss. 351 u. 353; Tr. d. B., Ss. 15 u. 25.

[18] Abb.: Busch, Anno, S. 350, beschrieben SS. XIV, S. 104, E 23.

[19] Busch, Anno, S. 333, Beschreibung SS. XVI, S. 61 f.

NAMENREGISTER

B

C und K

D

E

F und V

G

J

K s. C

L

O

P

R

S

T

U

Z

ORTSREGISTER

BERUFE, STÄNDE UND ÄHNLICHES

II. DAS BRUDERSCHAFTSBUCH DER
JESUS – MARIA – JOSEPH
BRUDERSCHAFT
VON ST. SERVATIUS
IN SIEGBURG

BESCHREIBUNG DER HANDSCHRIFT

Die unter der Signatur II,21 im Pfarrarchiv von St. Servatius, Siegburg, aufbewahrte Handschrift hat folgende Maße:

Einband: 16,8 x 21 cm; Dicke ca. 3,5 cm.
Buchblock: 16,2 x 20,4 cm; Dicke ca. 3 cm.

Einband: Die mit braunem Rindsleder bezogenen, aus Pappe bestehenden Einbanddeckel sind nur durch blindgeprägte Linien verziert. Zwei laufen mit einem Abstand von etwa 2 mm rundum; zum Rücken hin gleichmäßig auf Vorder- und Rückendeckel zwei dreifache Linien mit 1 cm Abstand.

Der Knick vom Vorderdeckel zum Rücken ist teilweise gebrochen. Ebenfalls ist der Rücken unten beschädigt.

Das Buch ist auf vier Bünde gebunden, die ebenfalls durch blindgeprägte Linien hervorgehoben sind.

Ursprünglich wurde das Buch durch Bänder aus Stoff vorne zusammengebunden, wie die Reste auf Vorder- und Rückendeckel zeigen. Die vier Bänder waren im Abstand von etwa 10 cm angebracht.

Der Buchblock besteht aus 180 Papierblättern. Verwendet ist ein Büttenpapier, das folgendes Wasserzeichen hat: Ein Abtsstab, der von zwei gebogenen belaubten Zweigen in Form eines Medaillons umschlossen wird. Ferner, wohl auf dem ganzen Bogen darunter, ein Oval von 6 cm Breite und ca. 1,5 cm Höhe mit den Buchstaben H und K; in der Mitte ein Herz, darüber, außerhalb des Ovals, zwei Spitzen (Mitra oder zwei Berge) und darüber ein Kreuz.

Die Blätter sind nur zu einem guten Drittel beschrieben, nämlich die von mir mit Bleistift paginierten Seiten 1–134.

Da die Eintragungen über einen Zeitraum von fast 100 Jahren, nämlich von 1747, dem Gründungsdatum der Bruderschaft, bis 1843, reichen, sind die Mitglieder der Bruderschaft von verschiedenen Händen eingetragen. Da sich die Schrift mit den Eintragungen in die alten Tauf-, Ehe- und Totenbücher von St. Servatius vergleichen läßt, können die meisten Schreiber auch namentlich ermittelt werden. Es sind:

1. S. 1 – S. 54 der Gründer der Bruderschaft, Pfarrer Anselm Averdunck.

2. Dazwischen, auf S. 50 – S. 51, 14 Eintragungen, S. 52 – S. 53, 28 Eintragungen und S. 54 vier Eintragungen von unbekannter zweiter Hand.
3. S. 55 – S. 59 folgt die Hand des Pfarrers Philipp Brüninghausen.
4. Auf den Ss. 58 – 59 eingeschoben zehn Eintragungen von anderer Hand, möglicherweise Hand 2.
5. S. 60 am 14. 8. 1775 fünf Eintragungen von Hand 5.
6. S. 60, ab 2. 2. 1778 – S. 63, 2. 2. 1781, Eintragungen von Hand 6.
7. Ss. 63 – 66, 1784–1793, schreibt Pfarrer Franz Anton Brunner die Namen der Mitglieder ein.
8. S. 66, 1793, 15. 8. und 1794, 2. 2., fünf Namen von Hand des Siegburger Minoriten und zeitweiligen Pfarrverwesers Cyprian Averdunck.
9. Ss. 67 – 94, 1796, 2. 2. – 1814, 15. 8., trug Pfarrer Franz Bernhard Zopus die Mitglieder ein.
10. Ss. 95 – 124, 1815, 22. 8. – 1832, 20. 8., führte Pfarrer Johann Wilhelm Eskens das Mitgliederbuch.
11. S. 125 folgen am 2. 2. 1833 neun Eintragungen, die wahrscheinlich der Kaplan Johann Hertel machte.
12. Ss. 125 – 134, 1833, 15. 8. – 1843, 2. 2., folgen die Mitglieder, die Pfarrer Johann Baptist Engelmann eintrug.

(I) *Confraternitas Jesu, Mariae et Joseph incepta 1747*

(S. 1)

Confraternitas[1] *Jesu, Mariae et Joseph, incepta anno millesimo septingentesimo quadragesimo septimo in festo Assumptionis beatissimae virginis Mariae sub me Anselmo Averdunck, ordinis sancti Benedicti, abbatiae sancti Martini majoris intra Ubiorum Coloniam professo, pro tempore hujus civitatis pastore. Pro semestri congregatione hujus confraternitatis in aestate assumptum est festum beatae Mariae virginis in caelum assumptae, in hyeme festum Purificationis ejusdem virginis Mariae.*

Sequuntur nomina confratrum:

R. D. Anselmus Averdunck, pastor
P. D. Edmundus Wilhelmus Strunck, praetor[2]
P. D. Andreas Saur, praetor
D. Maria Sybilla Pfefferkorns
D. Anna Francisca Struncks
D. Isabella Pfefferkorns
Maria Sybilla Schuthuts
Mechtildis Gehlens
Elisabetha Kleins
Christianus Schumacher
Josephus Klee
Anna Mechtildis Dederichs

(S. 2)

Michael Becker
Adolphus Offermann
Michael Klein
Henricus Klein
Dionysius Trapp
Anna Margaretha Essers
D. Wilhelmus Harth, senator
Maria Schumachers
Maria Elisabetha Pohls
Anna Catharina Ridels
Wilhelmus Meinerzhagen
Maria Sybilla Königs

---

[1] Bruderschaft Jesu, Mariens und Josefs, begonnen im Jahre 1747 am Fest der Aufnahme der allerseligsten Jungfrau Maria (Maria Himmelfahrt) unter mir, Anselm Averdunck aus dem Benediktinerorden, Professe der Abtei Groß-Sankt-Martin zu Köln, zur Zeit Pfarrer dieser Stadt. Es wurde beschlossen, daß die halbjährlichen Versammlungen dieser Bruderschaft im Sommer am Fest der Aufnahme Mariens in den Himmel (15. 8.) und im Winter am Fest der Reinigung derselben Jungfrau Maria (Lichtmeß, 2. 2.) stattfinden sollen.

[2] *praetor* = Schultheiß; nach Lau, S. 215, war Strunck Schultheiß von 1742 bis 1759; Saur von 1760 bis 1769. Zum Amt des Schultheißen vgl. Lau, S. 27*f.; S. 28*: „Dann tritt wieder der Schultheiß auf, nun auch bisweilen als *praetor* bezeichnet."

Maria Catharina Hagens
Isabella Margaretha Brunners
Maria Magdalena Hinsbergs
Andreas Kluppel[3]
Sybilla Christina Franzens
Jacobina Brunners
Helena Curtius
Wilhelmus Bockshohn
Georgius Klein
Daniel Brachschoss
Adolphus Meurer
Maria Margaretha Meurers
Anna Gertrudis Beckers

(S. 3)

D. Philippina Theresia von Gymnich, dicta de Albach
Maria Sophia Meurers
Anna Catharina Beckers
Joannes Rutgerus Hoth
Henricus Keuenheim
Maria Catharina Curtius
Anna Mechtildis Offermans
Christian Osterath
Maria Elisabetha Wasserfuhr
Petrus Wasserfuhr
Wilhelm Aaspach
Anna Margaretha Krabeck
Petrus Kurffgen
Conradus Bloch
D. Sebastianus Schumacher
Anna Christina Mullers
Anna Christina Hensels
Bertramus Schumacher
Catharina Margaretha Schumachers
Matthias Dickenburger
Petrus Kurffgen
Theresia Alberdings
Joannes Wilhelmus Weiser
Joannes Schuthuth

(S. 4)

Anna Christina Brands
Anna Gertrudis Griffraths
Catharina Elisabetha Dahlen
Maria Margaretha Putz
Maria Ursula Duchters
Maria Catharina Bergs
Christian Muller
Maria Christina Gindorffs
Anna Catharina Franckens
Anna Mechtildis Ritters
Anna Margaretha Kleins
Anna Margaretha Antweilers
Christian Hinsberg
Anna Maria Kindels
Joannes Petrus Schlebusch
Eva Schneiders
Maria Catharina Stockers
Anna Maria Klein
Georgius Schneider
Anna Christina Wolters
Anna Gertrudis Kindels
Maria Francisca Brandts
Anna Catharina Flachs

[3] Er ist der Maler, der 1744 die Annovita und das Siegburger Mirakelbuch illustrierte, das der Siegburger Prior Zolner von Brand schrieb. Wahrscheinlich malte er auch den in gleicher Handschrift befindlichen Stammbaum Annos. Vgl. dazu Siegb. Stud. XIV, S. 81 f. (Katalog des Abteimuseums); Abb. mit Erklärungen in Festschrift zum 50jähr. Bestehen des Verlages Franz Schmitt, Siegburg 1975. Vgl. auch die Ausführungen zu den Siegburger Künstlern in diesem Buch, S. 80.

Sophia Korths
Matthaeus Klein

(S. 5)

Joannes Wilhelmus Turbusch
Antonius Eiser
Joannes Wilhelmus Zimmerman
Anna Christina Hoths
Eva Margaretha Aldenhovens
Anna Gertrudis Becks
Henricus Rings
Joannes Conradus Mertens
Anna Margaretha Putz
Nicolaus Putz
Anna Gudula Becks
Maria Anna Crumachs
Joannes Adolphus Wasserfuhr
Anna Gertrudis Becks[4]
Francisca Kneutgens
Anna Helena Kneutgens
Anna Catharina Franzoni
Anna Elisabetha Hagens
Joannes Putz
Anna Barbara Wilhelm
Anna Maria Winterscheid
Margaretha Brodessers
Maria Elisabeth Meurers
Anna Christina Drecks

(S. 6)

Anna Christina Copmans
Anna Christina Blachs
Hermannus Kerres
Andreas Schuthuth
Petrus Schlebusch
Martinus Baur
Anna Elisabetha Lohmar
Catharina Elisabetha Dederichs
Maria Landmessers
Maria Mechtildis Offermans
Maria Joanna Crabecks
Maria Margaretha Simons
Gertrudis Bley
Wilhelmus Kurffgen
Christianus Reinerius Kneutgen
Elisabetha Schlebusch
Christina Kissels
Joannes Godefridus Kissel
Elisabetha Hermans
Maria Elisabetha Bensbergs
Joannes Hermes
Joannes Henricus Scherpich
Joannes Fridericus Scherpich
Anna Catharina Klefuhs

(S. 7)

Joannes Weisnitzer
Anna Sybilla Orth
Anna Maria Arnolts
Henricus Lurtz
Eva Brochhausen
Anna Margaretha Orths
Anna Magdalena Hoths
Anna Christina Kleins
Henricus Klein
Ispertus Rath
Ludewicus Bensberg
Anna Christina Siegberg
Catharina Brenheims
Henricus Fridericus Fuhs
Gerhardus Lohmar
Anna Catharina Curths
Bertholdus Huppelshuser
Henricus Schwartz

[4] Am Rand von Hand Averduncks: 100.

Henricus Hemmersbach
Adelheidis Kleins
Gerhardus Putz
Christina Margaretha Fischers
Eva Gertrudis Oberhausers
Matthias Fischer
Maria Margaretha Schaeffers

(S. 8)

Anna Mullers
Maria Anna Pohls
Anna Gertrudis Söntgens
Anna Ursula Kindels
Christophorus Siegburg
Joannes Paulus Kindel
Joannes Gerhardus Weiser
Anna Catharina Weisers
Ursula Wasserfuhrs
Anna Margaretha Schumachers
Anna Drecks
Maria Christina Schwaetzgens
Georgius Sander
Christina Bertrams
Maria Margaretha Weyerbusch
Anna Sybilla Felders
Anna Katharina Kissels
Anna Gertrudis Holzems
Anna Catharina Gems
Agnes Bergs
Joannes Henricus Pohl
Anna Maria Schulmeisters
Anna Catharina Jansens
Arnoldus Bertram
Anna Helena Schmitz

(S. 9)

Elisabetha Schmitz
Stephanus Schmitz
Clara Pliersbach
Maria Agnes Langens
Maria Christina Ingers
Jodocus Dahl
Catharina Kleins
Anna Stahls
Adelheidis Scheidings
Maria Christina Freymuths
Anna Ursula Busch
Maria Christina Pohls
Catharina Elisabetha Fuhs
Anna Gertrudis Werners
Jacobus Minden
Petrus Lindlahr[5]
Anna Catharina Harths
Joannes Arnoldus Koch
Maria Catharina Lindlahr
Adolphus Lohmar
Georgius Kindel
Henricus Kuchhauser
Matthias Fridericus Dederichs
Anna Christina Michels
Catharina Demmers

(S. 10)

Maria Margaretha Engels
Anna Gertrudis Fleckeners
Joannes Petrus Harthman
Adolphus Aspach
Margaretha Weidefels
Maria Gertrudis Schuthuts
Matthias Breuer

---

[5] Am Rand: 200.

Franciscus Christophorus Pollinger
Clemens Franck
Joannes Henricus Fischer
Anna Margaretha Flosbachs
Joannes Petrus Brenheim
Joannes Stephanus Lirenberg
Franciscus Josephus Minnig
Wilhelmus Engels
Gertrudis Fuhs
Anna Gertrudis Bachs
Anna Maria Kissels
Anna Gertrudis Weyerbusch
Anna Catharina Kissels
Anna Margaretha Schumachers
Margaretha Schoneseiffers
Maria Kessels
Caspar Engels

(S. 11)

Anna Maria Lindlahrs
D. Daniel Venn
D. Tilmannus Dietzgen
Anna Catharina Ostermans
Michael Klein
Maria Sybilla Kloek
Josephus Antonius Schneller
Joanna Christina Bödings
Maria Magdalena Bödings
Anna Elisabetha Camps
Anna Maria Schaeffers
Anna Thorothea Streuss
Maria Margaretha Essers
Joannes Adolphus Edeler
Maria Lohmars
Joannes Sausweit
Fridericus Söntgen
Anna Margaretha Schultes
Christian Putz
D. Henricus Fischer
Joannes Gehlen
Barbara Hagens

(S. 12)

D. Joannes Henricus Sahr
Anna Catharina Frembgens
Maria Elisabeth Bockhohn
Maria Richarts
Margaretha Uckeraths
Maria Sommerhäusers
Wilhelm Schonauer
Josephus Roesberg
Catharina Mullers
Anna Margaretha Orths
Adolphus Lurtz
Veronica Cuppers
Christianus Lurtz
Anna Sybilla Spetins
Anna Catharina Vogts
Helena Margaretha Huchems
Anna Maria Schmitz
Anna Margaretha Kolhagens
Anna Elisabeth Francks
Maria Francisca Pohls
D. Wilhelmus Fuhs
Joannes Matthias Lammertz
Wilhelmus Aldekirchen

(S. 13)

D. Casparus Francken
Anna Catharina Schulmeisters
Leonardus Hinsberg
Joannes Due
Edmundus Kissel
Gertrudis Noldens
Joannes Petrus Wirges
Petrus Jungblut

Joannes Antonius Kissel
Maria Margaretha Kissels
Anna Margaretha Crumbachs
Maria Magdalena Kleins
Adelheidis Meurers
Christina Lurtz
Maria Elisabetha Dreiters
Anna Maria Lindlahrs
Juliana Cörvers
Jacobus Schumacher
Antonius Pöller
Maria Margaretha Hagens
Anna Catharina Schwartz
Andreas Rings[6]
Maria Catharina Rings

(S. 14)

Maria Catharina Kleins
Anna Christina Pohls
Joannes Alleken
Gertrud Kautheusers
Anna Gertrudis Engels
Lucia Catharina Kneutgens
Maria Christina Rötgers
Anna Margaretha Bergs
Anna Margaretha Fuhs
Christina Mullers
Anna Maria Dietzgens
Henricus Gehlen
Anna Gertrud Wiertz
Catharina Francks
Anna Lucia Kleins
Eva Achermans
Henricus Hoth
Matthias Lindlahr
Wilhelmus Brenner
Anna Christina Putz
Joannes Rutger
Anna Catharina Schneider
Ida Pohls
Joannes Georgius Harth

(S. 15)

Anna Gudula Schaeffers
Maria Turbusch
Anna Margaretha Ness
Joannes Petrus Hockling
Joannes Gorgens, 1mus confraternitatis magister[7]
Henricus Schwätzgen
Petrus Bodene
Maria Catharina Bergs
Maria Margaretha Schumachers
Wilhelmus Franzen
Philippus Wertz
Eva Gertrudis Fermers
Anna Maria Camps
Ferdinandus Claessen
Maria Theresia Gerkens
Eva Catharina Hövers
Petrus Flach
Catharina Aspachs
Maria Agnes Rolands
P. Bonaventura Laurens, hujus clusae magister[8]
Henricus Corver
Maria Christina Flachs
Anna Maria Meurers

---

[6] Am Rand: 300.
[7] Erster Brudermeister.
[8] Einige wenige Angaben zu ihm bei Torsy 2, S. 319, Nr. 1001, für die Jahre 1739–51.

(S. 16)

Anna Christina Essers
Anna Catharina Griefraths
Henricus Grieffrath
Adolphus Broch
Hubertus Kissel
Anna Margaretha Due
Tilmannus Adamus Bornheim
Maria Catharina Schwartz
Josephus Edmundus Kappes
Joannes Adolphus Pohl
Maria Francisca Siegburgs
Joannes Matthias Pohl
Jacobus Paffrath
Joseph Thum
Elisabeth Pöllingers
Wilhelmus Theodorus Hagen
Joannes Theodorus Stocker
Matthias Kerres
Arnoldus Schwaben
Ida Putz
Joannes Kolvenbach
Hubertus Beck
Georgius Putz
Clara Putz

(S. 17)

Maria Margaretha Lohmars
Anna Catharina Balckhausens
Joannes Georgius Stricher
Hubertus Aldekirchen
Anna Eva Hoths
Anna Christina Röttgers
Antonius Staff
Anna Elisabetha Flachs
Elisabetha Kleins
Isabella Lindens
Franciscus Schmitz
Anna Christina Felders
Maria Christina Flachs
Anna Margaretha Caldau
Veronica Francken
Anna Elisabetha Orths
Anna Gertrudis Henselers
Anna Christina Putz
Anna Gertrudis Putz
Anna Catharina Flosbachs
Joannes Petrus Baum
Maria Catharina Werckers
Maria Catharina Klefuß
Anna Maria Wurms

(S. 18)

Anna Mechtildis Harths
Michael Ridel
Anna Gertrudis Harths
Jacobus Aldenfeldts, 1mus confraternitatis magister et benefactor[9]
Petrus Ness
Petrus Fuhshöller
Carolus Happ
Margaretha Haass
Anna Barbara Winterscheidts
Henricus Schmitz
Sybilla Kleins
Joannes Henricus Fischer
Anna Helena Nesselraths
Anna Catharina Kreps
Anna Christina Dresens
Anna Helena Sanders

[9] Am Rand: 400; Erster Brudermeister und Wohltäter.

Severinus Becker
Hubertus Muller
Elisabetha Cöllen
Anna Maria Vogdts
Joannes Krudwig
Petrus Mertens
Maria Elisabetha Seerpichs

(S. 19)

Helena Catharina Huppelsheusers
Maria Catharina Duchters
Anna Catharina Putz
Matthias Becker
Christina Jansens
Joannes Wilhelmus Paffrath
Joannes Philippus Goertz
Elisabeth Noldens
Maria Anna Bertrams
Elisabetha Göbbels
Reinerus Edler
Maria Margaretha Pollerhoven
Maria Magdalena Freymuths
Anna Maria Beer
Anna Stahls
Maria Christina Eckers
Joannes Henricus Hansen
Maria Catharina Ridels
Henricus Curtius
Petrus Herckenbusch
Elisabeth Machhausens
Anna Catharina Hövers

(S. 20)

Anna Sybilla Schmitz
Maria Margaretha Wasserfuhrs
Mechtildis Schumachers
Maria Catharina Sontgens
Maria Catharina Hunscheid
Joannes Neuhöver
Joannes Hermannus Lurtz
Matthias Huppelsheuser
Jodocus Volberg
Joannes Daniel Kneutgen
Wilhelmus Kneutgen
Bernardus Dahmen
Godefridus Straus
Agnes Eckart
D. Joannes Wimarus Weidefelt
Maria Catharina Kuttekuhlers
Magdalena Rutgers
Georgius Mives
Anna Elisabeth Lammertz
Henricus Kolvenbach
Joannes Petrus Klein
Nicolaus Knoth

(S. 21)

Franciscus Josephus Weidefeldt
Joannes Wilhelmus Hoths
Theodora Piecks, vidua Huberti Pieck[10], benefactoris, qui legavit 425 florenos Hollandios pro comparatione praemiis juventuti catechesim frequentati distribuendis.
Laurentius König
Anna Elisabeth Dierner, condicta Olbertz
Elisabetha Catharina Hirsch
Thomas Due
Anna Maria Helts

[10] . . . Witwe des Wohltäters Hubert Pieck, der 425 holländische Gulden stiftete für den Kauf von Prämien, die an die Jugendlichen verteilt werden sollen, die die Katechese besuchen.

Joannes Georgius Aldenhoven
Margaretha Sanders
Eva Christina Bachs
Jacobus Gerhardt
Maria Christina Kneutgens
Theodorus Steinkrug
Joannes Hubertus Machhausen
Nicolaus Stricher
Anna Margaretha Hansmans
Catharina Elisabetha Hinsbergs
Joannes Petrus Hoths
Maria Margaretha Camps

(S. 22)

Anna Margaretha Fritz
Maria Margaretha Holzems
Anna Elisabeth Camps
Elisabetha Brambachs
Anna Gertrud Camps
Georgius Harth
Anna Margaretha Saurs
Anna Lucia Turbusch
Anna Catharina Camps
Joannes Petrus Stuff
Maria Magdalena Meindorffs
Petrus Stahl
Petrus Alleken
Petrus Bückem
Maria Clara Aldenhovens
Ursula Weidefelts
Joannes Wilhelmus Kindel[11]
Paulus Lintz
Michael Klein
Catharina Kleins
Matthias Stahl
Maria Anna Weidefelts
Anna Clara Mindts

(S. 23)

Eva Schonauers
Ursula Catharina Stommels
Tilmannus Kolvenbach
Helena Kriem
Maria Anna Kray
Anna Margaretha Eichs
Anna Catharina Scheuss
Simon Kissel
Anna Elisabeth Franck
Jacobus Schmitz
Bertram Sterzenbach
Helena Catharina Putz
Wilhelmus Hagen
Conradus Zimmerman
Catharina Elisabetha Kohns
Maria Clara Weidefelts
Joanna Sybilla Kissels
Catharina Schuthuths
Anna Gertrud Curtius
Maria Veronica Rösbergs
Christina Barbara Hercks
Maria Elisabetha Goertz

(S. 24)

Wilhelmus Antonius Harth
Joannes Zimmerman
Fridericus Alberdinck
Petrus Broil
Helena Catharina Camps
Bernardus Gaeger
Anna Catharina Bachs
Joannes Jacobus Kissel
Anna Maria Hochhäusers
Sybilla Catharina Hagens
Theodorus Frölich

---

[11] Am Rand: 500.

Matthias Fischer
Joannes Matthias Goertz
Anna Catharina Hagens
Catharina Barbara Kissels
Joannes Conradts
Anna Sybilla Kissels
Maria Christina Conradts
Catharina Zwarg
Anna Sybilla Schumachers
Joannes Theodorus Neess

(S. 25)

Maria Agnes Schumachers
Theodorus Hagen
Antonius Georgius Franck
Maria Catharina Kaysers
D. Joanna Christina Schevastes
D. Matthias Bender
Anna Margaretha Schivelbusch
Gerhardus Franck
Catharina Bley
Anna Lommertzheims
Joanna Catharina Kreigels
Maria Catharina Harths
Eva Margaretha Aldenhovens
Gerhardus Klein
Bertram Schaeffer
Casparus Franck cum[12] uxore et prolibus
Joannes Busch
Joannes Pettener
Petrus Rötgen
Petronella Flosbachs
Henricus Munck
Franciscus Dahmen
Jacob Strobel

(S. 26)

Anna Margaretha Meurers
Joannes Kneutgen
Franciscus Curtius
Maria Catharina Kaysers
Sybilla Gertrudis Flachs
Joannes Henricus Franck
Elisabeth Holzems
Thomas Knoth
Conradus Becker
Matthias Camp
Matthias Daniel Aspach
Susanna Catharina Bay
Elisabeth Burbachs
Marcus Berger
Joanna Gertrudis Holzems
Wilhelmus Becker
Joannes Petrus Weyerbusch
Joannes Kremer
Dom. Joannes Philippus Wernerus Siebertz
Joannes Nicolaus Schmitz
Anna Margaretha Aldenberg
Anna Christina Zelt

(S. 27)

Anna Maria Windscheiff
Maria Ursula Fuhs
Joanna Christina Aldenhovens
Anna Elisabeth Zelt
Anna Christina Bays
Maria Catharina Zelt[13]
Eva Gertrudis Fischers
Henricus Jacobus Offerman
Anna Christina Fuhs

[12] . . . mit Frau und Kindern.
[13] Am Rand: 600.

Helena Frohns
Joannes Matthias Harth
Wilhelmus Breuer
Anna Francisca Osteraths
Christina Elisabetha Camps
Anna Gertrudis Busch
Anna Dorothea Übersetzig
Joannes Petrus Übersetzig
Maria Magdalena Engels
Anselmus Ferdinandus Averdunck
Lotharius Pötgen

(S. 28)

Catharina Ludwigs
Wolffgangus Selff
Anna Maria Meyers
Petrus Zingeler
D. Wilhelm Ludwig von Hagen[14], praepositus in Oberpleis
Wilhelmus Hermanni
Anna Christina Kols
Joannes Theodorus Herckerath
Joanna Sybilla Noldens
D. Joannes Fischer
Henricus Bach
Anna Gertrudis Huppelsheusers
Jacobus Alffter
Joannes Grunewaldt
Maria Helena Kurffgens
D. Joannes Fridericus Aldenhoven, consul
D. Catharina Jansens, dicta Aldenhovens
Maria Catharina Ingers
Maria Margaretha Hockrems
Anna Maria Cuppers
Maria Catharina Schmitz

(S. 29)

Wilhelmus Felder
Balthasar König
Wilhelmus Offerman
Anna Eva Graffs
Nicolaus Wilms
Adolphus Flosbach
Johanna Catharina Kessels
Maria Gertrudis Körvers
Henricus Daniel Klein
D. Joannes Bertramus Flach[15], vicarius in Overath
Casparus Brandt
Cunigundis Kohns
Maria Anna Francisca Elisabetha Siegberg[16], Judea a me baptizata
Anna Christina Mullers
Anna Maria Daniels
Maria Magdalena Tuschenbrenners

---

[14] Vgl. zu ihm Wisplinghoff, S. 185, u. Niederau, S. 27.

[15] Nach Janssen-Lohmann, Sp. 405, Nr. 257, am 3. 7. 1715 als Sohn des Benignus Flach und der Sibille Besgen geboren, Subdiakonatsweihe am 20. 9. 1738. Nach dem Tod von Johann Roland Dresbach wurde er Vikar der hl. Katharina und Barbara in Overath. Dazu wurde er ernannt von dem Propst Adalbert von Bastheim (s. Wisplinghoff, S. 87, u. Niederau, S. 29). Seine Priesterweihe erhielt er am 18. 12. 1739.

[16] Am 4. 12. 1750 wird die Taufe einer Jüdin aus Frechen notiert, die Anna Franziska Elisabeth heißt. Sie nahm wahrscheinlich den Zunamen Siegberg an.

Maria Christina Schnellers
Anna Ursula Crumbachs
Anna Christina Beckers
Anna Elisabetha Orths
Adelheidis Noldens

(S. 30)

Joannes Schumacher
Joannes Zeron
Theodorus Frembgen
Joannes Ernestus Crumbach
Gerhardus Putz
Anna Margaretha Brambachs
Christianus Camp
Reverendissimus d. Franciscus de Fraunhoven[17], perillustris abbatiae capitularis et subprior
Joannes Groosbach
Anna Catharina Schiffers
Veronica Osteraths
Godfrid Velten
Anna Elisabeth Happs
Anna Christina Lammertz
Anna Maria Brachs
Gertrud Schiffers
Anna Francisca Lesers
Eva Catharina Wisborn
Anna Maria Engelwiertz
D. Gerhardus Baader
Anna Catharina Dietzgens
Anna Maria Hövers

(S. 31)

Margaretha Schell
Joannes Philippus Francken
Philippus Antonius Brunner
Tilmannus Engelskirchen
Marcus Felder
Anna Mechtildis Francken
Helena Engelbert
Anna Gertrud Bern
Catharina Margaretha Kayserin, conversa
Perillustris D. Josephus Philippus de Wentz[18], capitularis abbatiae Siegbergensis
Bernardus Hermans, organista in monte[19]
Petrus Schwellenbach
Maria Elisabetha Flachs
Martinus Schenck
Georgius Fridericus Strunck
Anna Margaretha Flosbachs
Matthias Pohl
Casparus Offerman
Joannes Carolus Wiertz
Anna Gertrud Beckers
Servatius Gabriel Wolff

(S. 32)

Joannes Matthias Aldenhoven[20]
Caspar Pril
Bertram Aldefelt
Anna Christina Engellenders
Henricus Klein
Josephus Erasmus Eschweiler
Henricus Schmitz
Adolphus Haass

[17] Vgl. Wisplinghoff, S. 182, u. Niederau, S. 23.
[18] Vgl. Wisplinghoff, S. 196, u. Niederau, S. 41; ist am 3. 5. 1777 als Propst von Hirzenach bezeugt.
[19] Er starb am 24. 2. 1752; vgl. S. 56.
[20] Am Rand: 700.

Anna Gertrudis Curtius, dicta Brunners
Catharina Jansens, dicta Brunners
Sophia Brunners
Anna Christina Bitz
Catharina Rolandts
Hubertus Schmitz
D. Margaretha Paffraths, condicta Kneutgens
Anna Sybilla Fuhs
Joannes Camp
Maria Margaretha Bergs
Maria Margaretha Duchters
Anna Catharina Pollingers
Maria Anna Fischers

(S. 33)

Maria Catharina Aldenhovens
Maria Catharina Buckems
Eva Gertrudis Edlers
Maria Margaretha Schaeffers
Joannes Kraus
Henricus Kolvenbach
Christianus Fischer
Wilhelmus Bergman
Joannes Jacobus Schneider
Helena Catharina Flachs
Anna Margaretha Kesselers
Anna Lucia Volbergs
Christina Elisabetha Flachs
Daniel Junior
Agnes Worms
Maria Catharina Haaps
Anna Maria Drimborns
Maria Catharina Maxroth
Wilhelmus Brand
Eva Gertrudis Heidgen

(S. 34)

Ursula Haap
Gerhardus Droff
Joannes Adolphus Hockling
Joannes Conradus Kellerbach
Edmundus Offerman
Joannes Brauns
Josephus Path
Elisabeth Hundscheid
Elisabetha Path
Petrus Naas
Gertrudis Jansen
Perillustris D. Maximilianus de Westrem[21], capitularis Siegburgensis
D. Franciscus Wilhelmus Schmitz, scabinus
Christianus Lammertz
Anna Ursula Schmitz
Maria Gertrudis Kneutgens
Anna Margaretha Buckems
Maria Magdalena Buckems
Anna Catharina Winckels
Anna Sypilla Aldenhovens
Wimmarus Uckerath

(S. 35)

Maria Caecilia Wilhelmina Pfefferkorn
Andreas Staff
Anna Margaretha Kleins
Joannes Zimmermann
Elisabeth Achermans
Anna Catharina Mibachs
Anna Gertrud Heidels

[21] Vgl. Wisplinghoff, S. 233, u. Niederau, S. 67.

Maria Christina Mertens
Joannes Fridericus Hüppelsheuser
Maria Catharina Goertz
Helena Gertrudis Freymuths
Gervasius Kluppel
Anna Maria Thelems
Anna Gertrud Blochs
Maria Catharina Kleins
Catharina Margaretha Aspachs
Anna Catharina Volbergs
Anna Margaretha Modenkops
Anna Catharina Engels
Maria Catharina Holtrops

(S. 36)

Joannes Wilhelmus Freytag
Catharina Kneutgens
Helena Catharina Flachs
Maria Margaretha Bourscheidts
Veronica Gertrudis Hoths
Adelheidis Scheffers
Fridericus Schwartz
Anna Helena Hagens
Catharina Gertrudis Camps
Catharina Gertrudis Ness
Francisca Wilhelmina Francken
Anna Margaretha Staff
Helena Catharina Beckers
Maria Elisabetha Pöllers
Maria Catharina Harths
Maria Gertrudis Brenners
Anna Elisabeth Dietzgens
Antonius Pravo
Franciscus Joseph Brunner[22]
D. Godefridus Curtius, juris utriusque licentiatus
Margaretha Hermans

(S. 37)

Joannes Conradus Bornheim
Joannes Tilmannus Meister
Maria Agnes Kissels
Anna Ursula Klein
Anna Lucia Lohmars
Henricus Hockling
Joannes Antonius Lammertz
Casparus Buckem
Ferdinandus Camp
Joannes Ernestus Kleefuhs
A. R. D. Adolphus Buckshohn[23], vicarius in Birck
Helena Kissels
Magdalena Franckens
Petrus Pohl
P. R. Perillustris D. Godefridus de Schaumberg[24]
Georgius Kemmerich
Joannes Wilhelmus Greis
Anna Elisabeth Broch
Joanna Catharina Sterzenbach

(S. 38)

Maria Elisabeth Buys
Philippus Schneller
Anna Christina Beckers
Gertrudis Schumachers

---

22 Am Rand: 800.
23 Nach Janssen-Lohmann Bockshohn, Johann Adolf. Er war in Siegburg am 16.7.1732 geboren. Subdiakon wurde er am 20.9.1755; die Priesterweihe empfing er am 25.2.1756 und wurde Frühmessner (primissarius) in Birk. 1765 wurde er Vikar in Overath.
24 Der spätere Abt, 1762–79, von Siegburg, vgl. Wisplinghoff, S. 173f., u. Niederau, S. 13.

Catharina Margaretha Winterscheid
Anna Margaretha Kyels
Elisabetha Hövels
Maria Catharina Mullers
Henricus Bach
Henricus Lammertz
Antonius Camp
Peter Joseph Becker
Willibaldus Schneller
Gereon Camp
Joannes Bertramus Flach
Godefridus Kronenberg
Henricus Rötgen
Joannes Georgius Klein
Catharina Elisabetha Aldekirchen
Maria Catharina Aldefeldt

(S. 39)

Anna Margaretha Glasmächers
Joannes Herckerath
Martha Mullers
Joannes Winckel
Mauritius Fuhshöller
Bertramus Neess
Fridericus Flach
Henricus Daniel Klein
Joannes Bertramus Conradts
Anna Margaretha Huppelsheusers
Catharina Elisabetha Fries
R. P. Casparus Jostes[25], magister humaniorum in Clusa
Wilhelmus Felder
Josephus Crumbach
Theodorus Stöcker
Maria Francisca Ritters
Adolphus Sterzenbach
Elisabeth

(S. 40)

Joannes Hubertus Kissel
Henricus Felder
Anna Christina Rheindorffs
Caecilia Curscheid
Anna Eva Krabeck
Christophorus Harring
Joannes Henricus Böhmer
Christian Konsgen
Helena Orths
Anna Francisca Aldenhovens
Maria Magdalena Werners
Petrus Lohmar
Adolphus Lohmar
Maria Elisabetha Ingerkusen
Adamus Hohn
Maria Catharina Kleins
Anna Helena Kleins
Joannes Wilhelmus Brunner

(S. 41)

Georgius Brunner
Joannes Flach
Matthias Kesseler
Henricus Arentz
Gertrudis Flachs
Maria Anna Flachs
Elisabeth Klein

[25] Nach Torsy 2, S. 308, Nr. 766, am 28. 2. 1728 geboren, wurde er am 22. 3. 1749 Subdiakon, am 14. 3. 1750 Diakon und am 5. 6. 1751 Priester. Nach der Erlaubnis zur Aushilfe in der Seelsorge erhält er 1763 die Erlaubnis, in Duisburg eine Pfarrstelle zu übernehmen.

Anna Catharina Kleins
Maria Catharina Kissels
Anna Elisabeth Dresch
Anna Maria Frembgens
Maria Gertrudis Heckelsbergs
Anna Catharina Schmitz
Anna Gertrud Kleins
Petrus Wicher
Jacobus Gierlach
Anna Ursula Lintz
Maria Elisabeth Hamms
Margaretha Webers
Sybilla Catharina Piecks

(S. 42)

Maria Gertrudis Putz
Maria Gertrudis Ruschendorff
Joannes Henricus Richarts[26]
Matthias Rarth
Helena Catharina Schauerbergs
Caspar Merten
Joan Wilhelm Godefrid Francken
Henrich Kindeler
Jacob Traute
Anna Catharina Jungbluth
Anna Margaretha Pohls
Wilhelmus Bloch
Maria Magdalena Rolands
Catharina Margaretha Krantz
Joannes Volberg
Anna Sybilla Schieffelbusch
Anna Margaretha Stocker
Maria Elisabeth Kleins
Anna Barbara
Anna Christina Kosterbach
Anna Catharina Putz

(S. 43)

Elisabetha Westick
Eva Margaretha Hoths
Joanna Catharina Brauns
Joan Henrich Kiffer
Joannes Kerlich
Henricus Klein
Petrus Bornheim
Jacobus Gierlach
Gertrudis Dunckels
Petrus Breuer
Theodorus Siebel
Dionysius Balckhausen
Caspar Kemmerich
Magdalena Beckers
Catharina Elisabetha Curtius
Margaretha Beckers
Maria Lammertz
Sophia Flachs
Clara Schnellers
Elisabetha Beckers

(S. 44)

Maria Catharina Putz
Anna Elisabetha Kleins
Anna Gertrudis Klein
Anna Francisca Josche
Anna Catharina Löhrers
Catharina Theresia Bodene
Anna Catharina Pohls
Christian Wercker
Wilhelmus Fermer
Franciscus Jacobus Kesseler
Adolphus Kesseler
Wilhelmina Fontiners

[26] Am Rand: 900.

Agnes Zimmermans
Maria Josepha Niess
Maria Elisabetha Due
Wilhelmus Meurer
Wilhelmus Fuhshöller
Franciscus Hemmersbach
Maria Elisabeth Gelbe
Helena Busch
Anna Catharina Brenners
Anna Gertrudis Harths

(S. 45)

Anna Gertrudis Kleins
Maria Francisca Pollingers
Maria Magdalena Fuhshollers
Maria Magdalena Schumachers
Anna Barbara Dederichs
Maria Magdalena Mullers
Franciscus Petrus Werth
Joannes Hirtzseiffen
Henricus Schmitz
Anna Gertrudis Kleins
Adelheidis Hohn
Anna Maria Busch
Joannes Werth
Maria Margaretha Brauns
Anna Margaretha Kleins
Henricus Koch
Anna Theresia Bemers
Anna Margaretha Gaertners
Maria Catharina Gaertners
Antonius Harth
Ferdinand Velten

(S. 46)

Maria Theresia Franzens
Joannes Flach
Petrus Hagen
Cornelius Brand
Peter Görgen Hansen
Franciscus Matthias Bergs
Franciscus Curtius
Daniel Becker
Petrus Neuhoven
Anna Gertrud Klein
Matthias Arnsberg
Elisabeth Pollers
Jacobus Prior
Petrus Schumacher
Anna Mechtildis Kesselers
Gertrudis Kesselers
Anna Margaretha Putz
Jacobus Wertz
Joannes Georgius Vogt[27]

(S. 47)

Catharina Orths
Sophia Beckers
Maria Sophia Dresens
Henricus Scheiffgen
Anna Sophia Lückers
Anna Gertrud Jägers
Ursula Huckelings
Peter Hemmersbach
Anna Catharina Kleins
Caecilia Margaretha Saengers
Maria Elisabeth Flachs
Joannes Christianus Hamacher
Tilmannus Schwaetzgen
Matthias Bracker
Matthias Fischer
Anna Gertrudis Putz
Elisabeth Hencks
Anna Catharina Volbergs

[27] Am Rand: 1000.

Maria Gertrudis Neuhof

(S. 48)

Anna Elisabetha Grieffrath
Anna Sybilla Winterscheidts
Anna Margaretha Rossenberg
Anna Margaretha Posingers
Anna Maria Knoths
Anna Margaretha Bachholtz
Dominus Ernestus L. B. de Kuhla[28], perillustris hujatis abbatiae capitularis
Antonius Harth
Anna Gudula Zimmermans
Joannes Quot
Anna Sophia Arnold
Maria Elisabetha Stuff
Antonius Schmitz
Maria Sophia Volbergs
Petronella Schmitz
Francisca Schmitz
Elisabeth Severin
Petrus Dreck
Petrus Roland
Maria Catharina Brambach

(S. 49)

Tecla Dietzgen
Josephus Meis
Henricus Joseph Klein
Anna Bernardus Dietzgen
Anna Magdalena Fischer
Maria Joanna Roland
Joannes Godefridus Schwaetzgen
Maria Sophia Richartz
Anna Christina Hagen
Franciscus Josephus Goertz
Anna Christina Mies
Wilhelmina Elisabetha Kolmannin
Sybilla Catharina Zelts
Maria Margaretha Stockers
Anna Catharina Kroths
Josephus Keuther
Bertram Ebel
Maria Ursula Goertz
Theodorus Stocker

(S. 50)

Maria Sybilla Velten
Maria Odilia Dresens
Catharina Elisabetha Brambags
Catharina Elisabetha Blums
Anna Catharina Vogels
Maria Gertrudis Goertz
Catharina Gertrudis Breuers
Anna Maria Alliser
Petrus Dietzgen
Maria Charlotta Kallerbachs
Anny Sybilla Velders
Maria Elisabetha Velders
Paulus Kroth
Anna Catharina Offermans
Laurentius Kesseler[29]
Petrus Lohmar
Daniel Altenfeld
Wilhelm Görtz
Joannes Becker
Christina Schumachers
Henricus Olligschläger

---

[28] Vgl. Wisplinghoff, S. 234, u. Niederau, S. 68. Da Kuhla am 4.12.1757 seine Profeß ablegte, müssen diese und die folgenden Eintragungen nach diesem Datum erfolgt sein.
[29] Ab hier bis Joannes Stöcker, S. 51, die Eintragungen von anderer Hand.

(S. 51)

Leonardus Mind
Maria Magdalena Kochs
Petrus Rüsberg
Anna Margaretha Söndorffs
Gertrudis Volbergs
Joannes Klein
Joannes Stöcker
Theresia Berntgens
Joannes Christianus Hamacher
Leonardus Mint
Joannes Josephus Siever
Joannes Michael Fuchsius
Joannes Quod
Henricus Jacobus Aldenhoven
Henricus Gierlach
Joannes Christophorus Dederichs
Gerardus Heyer
Maria Christina Kneutgens
Joannes Daniel Kneutgen

(S. 52)

Anna Catharina Gertrudis Keulens[30]
Gertrudis Kleins
Anna Christina Baumgartens
Anna Christina Weis
Anna Gertrudis Weis
Sybilla Margaretha Gelbe
Wilhelmus Brachschos
Anna Maria Kammerlings
Maria Catharina Pohls
Josephus Odendahls
Domina N. N. Catharina Öttershagen[31]
Petrus Georgius Hartzler
Petrus Hemmersbach
Helena Hemmersbachs
Hubertus·Weber
Maria Elisabetha Bungels
Maria Christina Fischers
Josephus Rösberg
Gertrudis Lammers
Laurentius Kamp
Joannes Felder
Maria Catharina Schülgers

(S. 53)

Maria Elisabetha Kleins
Petrus Bodene
Nicolaus Becker
Joannes Adolphus Pütz
Joannes Blum
Petrus Altwicker
Anna Catharina Nisingers
Anna Sophia Magdalena Vogs
Caspar Vogt
Maria Sybilla Bohls
Bertram Bohl
Jacobus Balthasar Ness
Jacobus Stockkemmler
Maria Margaretha Schmitz
Gerardus Weisser
Arnold Weisbach
Maria Anna Beckers
Anna Maria Gertrudis Wachendorff
Anna Margaretha Brenners

---

[30] Am Rand: 1100.

[31] Ab hier bis Maria Anna Beckers, S. 53, Die Eintragungen von gleicher Hand wie Anm. 29.

(S. 54)
Anna Catharina Rolands
Anna Sybilla Drecks
Henricus Gehlen
Franciscus Schmitz
Thomas Knoth
Maria Elisabeth Hombach
Caspar Wesling
Maria Gertrudis Pütz
Anna Margaretha Schorns
Henricus Goertz
Petrus Rosbach
Elisabeth Wester
Petrus Francken
Joannes Francken
Anna Christina Wegh
Joannes Gerardus Finck[32]
Petrus Asbach
Anna Maria Zungens
Anna Gertrudis Bistaters
Joannes Reinerus Rings

(S. 55)

1770 ad sodalitatem admissi[33]*:*

Joannes Wilhelmus Schumacher
Joannes Allecken
Henricus Uckerath
Maria Magdalena von Ley
Catharina Webers
Maria Catharina Klefuss
Margaretha Bols
Maria Gertrudis Hagen
Ursula Kellers
Anna Maria Wymars
Maria Magdalena Krippigs
Francisca Dietzgens
Joanna Helena Covenfus
Anna Christina Beckers
Maria Christina Ludwigs
Maria Anna Schwartz
Maria Sybilla Schwabens
Anna Christina Bruggers
Caecilia Margaretha Möhrens
Rolandus Gierlach
Christina Söndtgens

(S. 56)

1771

Henricus Blum
Wilhelmus Schos
Maria Elisabetha Blums
Wilhelmus Rötgen
Wilhelmus Baujan
Joanna Carlina Konigs
Maria Anna von Ley
Adelheidis Scheffers
Margaretha Kellers
Maria Catharina Benders
Theresia Lauffenbergs
Anna Gertrudis Rodenbachs
Catharina Weybachs
Anna Gertrudis Godtschalks
Jacobus Wilkumsfeldt
Joannes Winrikus Steibersland
Maria Ursula Kemmerling
Daniel Berchman
Joanna Christina Franckens
Gertrudis Kamp
Anna Catharina Volbergs
Anna Margaretha Volbergs

[32] Ab hier bis Ende der Seite die Eintragungen von Hand wie Anm. 29.
[33] Ab hier folgen die Eintragungen von Pfarrer Philipp Brüninghausen.

(S. 57)
Wimmarus Broichs
Maria Francisca Hansens
Anna Christina Curtius
1772:
Petrus Klein
Henricus Schmitz
Henricus Lahr
Anna Magdalena Fuchsius
Anna Maria Beckers
Philippus Klein
Maria Christina Kneutgens
Wilhelmus Allecken
Antonius Dreck
Gertrudis Brunners
Anna Maria Brachscheits
Joannes Gerardus Schäcker
Sebastianus Pohl
Maria Margaretha Klefus
Thomas Ludwig
Henricus Fusheller
Joannes Lohmar
Catharina Margaretha Schos
Joannes Roland
Maria Christina Stauff
Nicolaus Becker
Josephus Langel
Henricus Gross
Anna Margaretha Curtius
Agnes Franckens
Joannes Wilhelmus Saur
Anna Catharina Franckens
Anna Christina Brants
Henricus Baum
Joannes Wilhelmus Dederichs

(S. 58)
Theresia Brambachs
Joannes Henricus Crumbach
Gerardus Crumbach
Antonius Schos
Petrus Hermans
Maria Magdalena Franckens
Anna Elisabetha Kessels
Sebastianus Josephus Werth
Nicolaus Volberg
Joannes Christianus Kessel
Antonius Schmitz
1773:
Franciscus Godefridus Bodene
Godefridus Henricus Brunner
Maria Catharina Kleins
Anna Christina Kraus
Maria Elisabetha Godschalks
Maria Catharina Schos
Joannes Ulrich
Maria Francisca Consgens
Maria Magdalena Olligschlagers
Matthias Georgius Harth[34]
Anna Maria Elisabeth Nügels
Wilhelmus Flügel
Francisca Walburga Lemgens
Anna Maria Elisabeth Welders

(S. 59)
1774:
Sophia Rings
Martinus Pancionell
Mechtildis Gördeners
Barbara Bülz
Adolph Brewer

[34] Ab hier bis Adolph Brewer, S. 59, Eintragungen von anderer Hand.

1775:
Franciscus Hesseler[35]
Maria Christina Hagens
Elisabetha Bouraugers, condicta Hagens
Joannes Hagen
Antonius Hagen
Petrus Josephus Kesseler
Catharina Jägers
Wilhelmus Allecken
Henricus Rötgen
Antonius Dreck
Anna Maria Scheiffelbusch
Adelheidis Rolandts
Peter Stöcker
Bertram Kurt
Anna Sophia Juniors
Elisabetha Pollers
Maria Margaretha Kleins
Anna Elisabetha Orths
Gertrudis Gelbe

(S. 60)

14. Augusti 1775[36]*:*
Caspar Klein
Veronica Felders
Joannes Hubertus Junck
Anna Margaretha Riswigs
Anna Catharina Schwartz

2da Februarii 1778[37]*:*
Anna Margaretha Frantel
Maria Catharina Kuttenküler
Walburgis Kamps
Josephus Fusheller
Adolphus Kissel
Petronella Conrads
Anna Catharina Harths
Jodocus Hecker
Henricus Loskamp
Catharina Schumachers
Joannes Krautwig
Margaretha Pohls
Peter Bush
Elisabeth Kleppers
Conradus Grünenwald
Dionisius Klein
Elisabetha Conrads
Barbara Curtius
Catharina Kneutgens?
Gertrudis Reutgens
Anna Maria Banzenet

(S. 61)

2da Februarii 1779:
Maria Catharina Schwartz
Maria Gertrudis Zerungs
Mechtildis Juniors
Elisabetha Brobers
Catharina Breuers
Anna Catharina Görtz
Anna Helena Geelen
Anna Margaretha Geelen
Maria Elisabetha Kissels
Matheus Hennes
Bertoldus Machhausen
Anna Gertrudis Rings
Anna Maria Möichs
Gertrudis Rings

---

[35] Ab hier wieder Hand von Pfarrer Brüninghausen.
[36] Die fünf Eintragungen vom 14. 8. 1775 von neuer (5.) Hand.
[37] Ab hier folgen bis S. 63, 1781, 2. 2.: Matthias Gelbe, die Eintragungen von Hand 6; sie sind zeitweise, im Unterschied zu den übrigen Namensangaben, in zwei Kolumnen geschrieben.

Anna Maria Junckers
Margaretha Kinselers
Christina Machhausens
Francisca Bodene
Anna Magdalena Mullers
Anna Catharina Harths
Christina Grau
Joannes Heiden

(S. 62)

1780, 2. Februarii:
Maria Christina Bragers
Anna Margaretha Schwamborns
1781, 2. Februarii:
Godefridus Bodene
Josephus Schwertzgen
Josephus Keller
Joannes Schneider
Joannes Harth
Maria Catharina Hausmans
Elisabetha Stummels
Francisca Huths
Maria Catharina Fushöllers
Maria Margaretha Stuffs
Caecilia Dickenbourgers
Elisabetha Schumachers

(S. 63)

1781, 2. Februarii:
Veronica Geehlens
Maria Catharina Fuchsius
Bertramus Jungbluth
Matthias Gelber
1784, 2. Februarii[38]*:*
Anna Maria Schnass
Maria Catharina Loskand
Anna Sybilla Hagens
Anton Hagen
15. Augusti:
Anna Sybilla Panzenet
Anna Maria Bornheim
Anna Gertrudis Stauf
Maria Christina Fuchsius
Maria Jacobina Weidenfeld
Anna Sybilla Francisca Brunners
Maria Elisabetha Krudewigs
Anna Eva Gelbe
21. Novembris:
A. R. D. Henricus Josephus Saur[39], presbyter

(S. 64)

1785, 2. Februarii:
Henricus Becher
Helena Knots
Sybilla Margaretha Bechers
Maria Sybilla Bechers
Joannes Schmitz
Margaretha Röttgens
15. Augusti:
Petrus Knipper
Maria Catharina Junckersfeld
Anna Sybilla Winters
1786, 2. Februarii:
Michael Busch ex Wolsdorff

---

[38] Ab hier bis S. 66 die Eintragungen von Pfarrer Franz Anton Brunner (1784 bis 1793).

[39] Nach Janssen-Lohmann, Sp. 1232, Nr. 61, am 24. 12. 1754 in Hangelar, Rhein-Sieg-Kreis, geboren. Zum Priester wurde er am 27. 2. 1779 geweiht. Am 30. 11. 1786 wurde er Pastor in Hennef und am 25. 9. 1797 zum Dechanten der Christianität Siegburg gewählt. Er starb vor dem 29. 3. 1803.

Maria Christina Schoesters
ex Kaldauen
Petrus Schiefferbusch
ex Wolsdorff
Francisca Kessel, Siegburgensis
Joannes Schiefferbusch
ex Wolsdorff
Anna Francisca Kellers
ex Uhlgass
Anna Sybilla Schenck
ex Wolsdorff
Sybilla Christina Junior,
Siegburgensis
15. Augusti:
Anna Maria Büsgens,
dicta Altenfeld
Christophorus Altenfeld
Jacobus Schmitz
Engelbertus Michel
Agnes Wiertz

(S. 65)
1787, 14. Januarii:
Maria Christina Kissels
In Festo Purificationis B.V.M.[40]*:*
Christina Kurths
Maria Catharina Lourz
Maria Catharina Pütz
Elisabetha Franks
Catharina Bachs
Maria Margaretha Altwekelers
Elisabetha Flachs
Gertrudis Geylens
23. Aprilis:
Mathias Brandt
15. Augusti:
Anna Maria Lohmars
Christina Francks
1788, 2da Februarii:
Theresia Lindens
Anna Christina Brodesser
Henricus Hemmersbach
Christina Brenners
9na Martii:
Maria Catharina Wirges
18va Maji:
Anna Gertrudis Machausen

(S. 66)
1789:
Anna Margaretha Riedels,
dicta Blesens
1790, 2da Februarii:
Gertrudis Schumachers,
dicta Kleins
Anna Maria Ückeroths
15. Augusti:
Gertrudis Winters
Elisabetha Cremers
1791, 22. Maji:
Magdalena Crumbach
1792, 2. Februarii:
Petrus Weeg
Veronica Weeg
1793, 2. Februarii:
Anna Maria Schaefers
19. Martii:
Gertrudis Werners
15. Augusti[41]*:*
Joanna Philippina Kirchbergs[42],
Judaea baptizata

[40] So das Manuskript. Normale Abkürzung: BMV = beatae Mariae virginis. Hier ist zu lesen: beatae virginis Mariae.

1794, 2da Februarii:
Adolph Kesseler
Joannes Peter Sticker
Catharina Bachs
Eva Schneiders

(S. 67)

1796, 2da Februarii[43]*:*
Christianus Flögerhöfer
Anna Maria Beckers
Elisabetha Beckers
Helena Wirges, dicta Schumacher
Christianus Schiefelbusch
Henricus Josephus Kraus
Gertrudis Werners, dicta Klein
Catharina Margaretha Schumacher
Margaretha Klein
15. Augusti:
Joannes Wilhelmus Schletgen
Henricus Walterscheidt
Peter Schwipper
Henricus Hagen
Elisabetha Krudewigs
Anna Francisca Schumacher
Gertrudis Klein
Sybilla Fusshöllers
Anna Elisabetha Beckers
Maria Anna Loskants
Gertrudis Schumachers

(S. 68)

1796, 15ta Augusti:
Anna Sybilla Hünscheidt
Catharina Meer
Anna Elisabetha Lurz
Anna Margaretha Asbach
1797, 2da Februarii:
Conradus Josephus Kissel
15ta Augusti:
Hilarius Weitgen
Margaretha Bornheim
Anna Catharina Hochheuser
1798, 2da Februarii:
Laurentius Linnard
Josephus Draesbach
Anna Margaretha Kemps

---

[41] Ab hier bis Ende der Seite fünf Eintragungen von dem Siegburger Minoriten Cyprian Averdunck. Vgl. dazu auch die folgende Anm. 42. Zur Person Averduncks vgl. Torsy 2, S. 270, Nr. 29. Danach war er am 15. 10. 1747 in Bonn geboren worden, Taufname: Severinus Antonius Augustinus. Die Priesterweihe empfing er am 23. 2. 1771 in Köln. Die Erlaubnis zur Seelsorge wurde ihm zuerst am 9. 12. 1773 verliehen. Nach den Eintragungen im Taufbuch von St. Servatius war er ab 14. 5. 1793 bis 30. 7. 1794 Pfarrverweser von dieser Kirche. Er starb, 69 Jahre alt, am 6. 9. 1817 als Pfarrer von Bonn-Grau-Rheindorf.

[42] Die Eintragung vom 15. 8. 1793 im Taufbuch von St. Servatius, Siegburg, lautet: *15. Augusti baptizata est post sufficientem instructionem a me P. Cypriano Averdunck, Minorita conventuali, pro tempore praeside et parochiae deservitore Joanna Philippina ex Kirchberg prope Bingam, nomine Däubgen, aetatis 18 oriunda, assistentibus patrinis reverendissimo ac illustrissimo domino, domino Joanne libero barone de Speyart de Woerden, hujatis perillustris abbatiae abbate, ejus vice gerente clarissimo domino, domino Joanne Petro Schwaben, hujus civitatis praetore, et perillustri domina Philippina de Spies, nata libera baronessa de Wetzel, dicta Carben.*

[43] Ab hier trug bis S. 94, 1814, 15. 8., Pfarrer Franz Bernhard Zopus die Namen der Mitglieder ein.

(S. 69)

1798, 15ta Augusti:

Adelheidis Rings ex Honneff	
Henricus Brenner Joannes Wimmarus Thomas Elisabetha Draesbachs	Siegburgenses[44]

1799, 2da Februarii:

Petrus Kesseler Carolus Ferdinandus Braschoss Philippus Jacobus Draesbach Wilhelmus Koch Fridericus Scherpich Catharina Fußhöllers Carolina Kuttekülers Christina Röttgens Elisabetha Brenners Matthias Schmiz	Siegburgenses

(S. 70)

1799, 15ta Augusti:

Henricus Hartmann Elisabetha Schmiz, dicta Volberg Elisabetha Probo, vidua Winter	Siegburgenses
Peter Flögerhöfer ex Wolsdorf	
Matthias Vogt ex Triesch	
Jacobus Röttgen ex Uhlgass	
Peter Joseph Cremer ex Niederpleis	
Wilhelm Müller ex Bödingen	

1800, 2da Februarii:

Thecla Scherpich Servatius Goerz Henricus Hansen Henricus Koch Petrus Stauff Mauritius Hansen Josephus Fußhöller	Siegburgenses

[44] Mit *Siegburgenses* sind offensichtlich die innerhalb der Ummauerung wohnenden Bürger gemeint, denn Wolsdorf, Aulgasse, Driesch und andere Stadtteile werden entsprechend bezeichnet.

Petrus Severin ex Stallberg

(S. 71)

1800, 2da Februarii:
Petrus Falckenberg ex Schneffelrott
Anna Gertrudis Severin ex Birk
Theodor Flögerhöfer ex Wolsdorff
Elisabetha Kölners ex Neustatt

1800, 15ta Augusti:
Jacobus Schlößer ex Montabauer
Gertrudis Hünscheidt ex Eitorf

1801, 2da Februarii:

<table>
<tr><td>Anna Sybilla Krizlers
Elisabetha Curt
Wilhelmina de Ley
Gertrudis Gierlich, dicta Klein</td><td>Siegburgenses</td></tr>
<tr><td>Henricus Baum
Margaretha Winterscheidt
Anna Margaretha Winterscheidt
Anna Helena Walterscheidt
Maria Catharina Engels
Catharina Aumanns</td><td>ex Wolsdorf</td></tr>
</table>

(S. 72)

1801, 2da Februarii:
Jacobus Jaeger ex Wolsdorf
Joannes Fuchs ex Lohmar
Ursula Wegscheidt, dicta Schmiz ex Eitorf
Catharina Hennes ex Hersel
Anna Maria Schumacher, dicta Hermanns ex Mühldorf
Henricus Schell ex Bergheim
Casparus Camp, Siegburgensis

1801, 15ta Augusti:

<table>
<tr><td>Josephus Curt
Lambertus Velten
Catharina Löltges
Jacobina Löltges
Anna Gertrudis Mertens
Maria Sybilla Winters</td><td>Siegburgenses</td></tr>
</table>

Elisabetha Becher, dicta Flögerhöfer }
Anna Ruchscheidt, dicta Flögerhöfer } ex Wolsdorf
Helena Hausmann, dicta Severin ex Stallberg

(S. 73)

1801, 15ta Augusti:
Anna Maria Müller ex Caldauen
Catharina Pinners ex Dattenfeld

1802, 2da Februarii:

<table>
<tr><td>Matthias Kuttekühler
Adolphus Stöcker
Anna Maria Schwarz</td><td>Siegburgenses</td></tr>
<tr><td>Peter Klein
Margaretha Klein</td><td>ex Wolsdorf</td></tr>
<tr><td>Anna Catharina Flach
Anna Katharina Gödderz
Matthias Klein</td><td>ex Uhlgaß</td></tr>
<tr><td colspan="2">Anna Catharina Brenners ex Stallberg</td></tr>
<tr><td>Henricus Schumacher
Petrus Schumacher
Anna Catharina Beckers
Sybilla Beckers</td><td>ex Mühldorf</td></tr>
<tr><td colspan="2">Joannes Baum ex Droistorff</td></tr>
</table>

(S. 74)

1802, 15ta Augusti:

<table>
<tr><td>Elisabeth Klein
Anna Maria Volberg
Gertrudis Pohls</td><td>ex Steinbahn</td></tr>
<tr><td colspan="2">Gertrudis Buschmüller, dicta Winter ex Wolsdorf</td></tr>
<tr><td>Clara Schmiz
Elisabeth Lohrs
Anna Maria Coenzgen</td><td>ex Geistingen</td></tr>
</table>

1803, 2da Februarii:

<table>
<tr><td>Joannes Henricus Josephus Fußhöller
Joannes Adolph Kesseler
Laurentius Kesseler
Anna Maria Hombizer
Gertrudis Fußhöller</td><td>Siegburgenses</td></tr>
</table>

Elisabetha Hunold, dicta Gierlach ex Westphalia
Agnes Schugh ex Adenau
Christian Happ ex Busdorff

(S. 75)

1803, 15ta Augusti:

<table>
<tr><td>Joannes Gierlach</td><td rowspan="7">Siegburgenses</td></tr>
<tr><td>Joannes Severin</td></tr>
<tr><td>Adelheidis Weiser</td></tr>
<tr><td>Gertrud Keller</td></tr>
<tr><td>Elisabeth Gierlach</td></tr>
<tr><td>Catharina Boehm, vidua Neff</td></tr>
<tr><td>Elisabeth Schwanenberg</td></tr>
<tr><td>Elisabeth Busch, dicta Pols</td><td rowspan="2">ex Wolsdorf</td></tr>
<tr><td>Francisca Busch, dicta Strausfeld</td></tr>
</table>

1804, 2da Februarii:

<table>
<tr><td>Barbara Kellers</td><td rowspan="4">Siegburgenses</td></tr>
<tr><td>Paulus Neff</td></tr>
<tr><td>Philippus Bolz</td></tr>
<tr><td>Laurentius Meis</td></tr>
<tr><td>Christianus Schumacher</td><td rowspan="2">ex Wolsdorf</td></tr>
<tr><td>Joannes Schumacher</td></tr>
<tr><td>Sybilla Pleis</td><td rowspan="2">ex Beuel</td></tr>
<tr><td>Catharina Möllgens</td></tr>
</table>

(S. 76)

1804, 15ta Augusti:

<table>
<tr><td>Adolphus Koenig</td><td rowspan="6">Siegburgenses</td></tr>
<tr><td>Joannes Josephus Cremer</td></tr>
<tr><td>Gerardus Schwanenberg</td></tr>
<tr><td>Peter Haupt</td></tr>
<tr><td>Anna Maria Draesbach</td></tr>
<tr><td>Anna Sybilla Blesen</td></tr>
</table>

Godefridus Cremer ex Niederpleis

1805, 2da Februarii:

<table>
<tr><td>Godefridus Ries</td><td rowspan="4">Siegburgenses</td></tr>
<tr><td>Wilhelmus Busch</td></tr>
<tr><td>Joannes Brodesser</td></tr>
<tr><td>Georgius Crumbach</td></tr>
</table>

Gerardus Löltgen
Anna Maria Kesseler
Gertrudis Schumacher, vidua Schmiz
Elisabeth Weiser
— Siegburgenses
Engelbertus Meurer ex Hallberg

(S. 77)

1805, 2da Februarii:
Agnes Henseler ex Rheidt
Margaretha Olbertz ex Stosdorf
Anna Margaretha Schmiz ex Stieldorf
Gertrudis Schumacher
Maria Theresia Pols
Anna Maria Klein
— ex Wolsdorf
1805, 15ta Augusti:
Antonius Klein
Joannes Emmerich
Sybilla Schonauer, vidua Bolz
Catharina Dietzgen
Christina Limberg
Maria Francisca Camp
Christina Heller

(S. 78)

1806, 2da Februarii:
Joannes Scherpig
Matthias Ries
Antonius Hansen
Joannes Keller
Francisca Scherpig
Catharina Saffig
Elisabeth Knöppel
— Siegburgenses
Petrus Engel ex Wolsdorf
Antonius Schopp, Coloniensis
Jodocus Birkheuser ex Trosdorf
1806, 15ta Augusti:
Mechtildis Franken, Siegburgensis
Elisabetha Crumbach ex Villa Nova
Adolph Wilms ex Wolsdorf

1807, 2da Februarii:

Gerard Kreutzberg
Peter Meer
Peter Keller
} Siegburgenses

(S. 79)

1807, 2da Februarii:

Godfried Dietzgen
Henricus Crumbach
Adolph Becker
Maria Catharina Kneutgen, dicta Knöppel
Christina Bach
Anna Catharina Dalmus, vidua Broel
} Siegburgenses

Carl Clostermann ex Warth, studiosus

Peter Knott
Veronica Flögerhöfer
} ex Wolsdorf

Mauritius Hagen ex Mullerhof

15ta Augusti:

Petrus Hennes
Gerardus Wieser
Christina Schopp
Christina Löltgen
Adelheidis Schmitz, dicta Brenner
Adelheidis Nass, vidua Pohl
} Siegburgenses

Petrus Schütz ex Söven
Jacobus Käsbein ex Montabauer

(S. 80)

1808, 2da Februarii, utpote in die congregationis semestris:

Elisabeth Zimmermann, nata Wirges
Anna Catharina Felten, nata Wirges
Anna Catharina Zimmermann, vidua Felten
Adam Esser
Gertrud Hansen, nata Schneller
Anna Saffig, nata Stöcker
Eva Stöcker
Joannes Weiser
Joannes Camp
Joannes Petrus Flach
} Siegburgenses

Christina ? Weiser[44a]	
Helena Schwerzgen	Siegburgenses
Catharina Sahr	
Gertrud Haupt	
Joseph Masereille	
Joannes Knott	ex Wolsdorf
Catharina Jäger, vidua Brenner	
Joannes Heinen ex Norbach	
Elisabeth Klee	
Maria Catharina Becker	Siegburgenses
Anna Maria Knöppel	
Caecilia Kemmerlings, Arapolitana	

(S. 81)

1808, 24ta Aprilis, in prima Communione liberorum:

Daniel Camp	
Joannes Arenz	
Petrus Breuer	
Joannes Lammertz	
Willibaldus Asbach	
Georgius Severin	
Jacobus Paffrath	
Henricus Saur	
Georgius Gödderz	
Catharina Huthmacher	
Helena Schopp	Siegburgenses
Catharina Pohl	
Anna Catharina Röttgens	
Elisabeth Brenners	
Anna Maria Böckem	
Gertrudis Becker	
Carolina Weitgen	
Anna Gertrudis Felder	
Elisabeth Pütz	
Anna Maria Brodesser	
Veronica Pols	

[44a] Da im Text nur Chr. steht, kann es auch Christian heißen.

Gertrud Bach Sabina Hartrath Francisca Bengel	Siegburgenses

(S. 82)

1808. 24ta Aprilis:

Gertrudis Fuchs Margaretha Klein Anna Catharina Schwerzgen Anna Katharina Weiser Maria Elisabeth Becker Elisabeth Schiefelbusch	Siegburgenses

Theresia Vetter, Düsseldorpiensis
Christina Ewald ex Zündorf
Joannes Eulenbroch, Coloniensis

15ta Augusti:

Nicolaus Ackermann Gertrudis Lammertz, dicta Ackermann Wilhelm Beucker Georgius Volberg	Siegburgenses
Theodorus Klein Elisabetha Mauelshagen Francisca Pols	ex Wolsdorf

(S. 83)

1809, 2da Februarii:

Henricus Engels Maria Schneller, dicta Pleis Anna Margaretha Brenner	Siegburgenses

Matthias Schnitzler ex Heimersheim
Anna Maria Conrads ex Oberpleis
Elisabeth Darscheit ex Ückerath

15ta Augusti:

Franciscus Jacobus Crumbach Fridericus Fusshöller Anna Gertrudis Görz	Siegburgenses

Michael Winterscheit ex Wolsdorf

1810, 2da Februarii:

Eva Rosbach, Siegburgensis

Theresia Meurers, dicta Schiefelbusch ex Wolsdorf
Clemens Winkel, Luxenburgensis

29ma Aprilis[45]:

Anna Maria Saur
Anna Catharina Alken
Anna Maria Freuer

(S. 84)

1810, 29ma Aprilis[45]:

<table>
<tr><td>Anna Catharina Dietzgen
Anna Catharina Knöppel
Anna Sybilla Böllesfeld
Anna Catharina Braschos
Ida Keller
Christina Traude
Anna Maria Winkel
Joannes Baldus
Fridericus Stöcker
Petrus Severin
Godefridus Mauelshagen
Adelheidis Scheufgen</td><td>Siegburgenses</td></tr>
</table>

Wilhelm Dunkel ex Busdorf
Joannes Henricus Mentzenbach ex Niederdollendorf

15ta Augusti:

Francisca Hansen

1811, 2. Februarii:

<table>
<tr><td>Joannes Velten
Augustin Keller
Joannes Reuter
Dorothea Asbach, dicta Broels
Elisabeth Brenner</td><td>Siegburgenses</td></tr>
</table>

(S. 85)

1811, 21. Aprilis[46]:

Joannes Petrus Becker
Petrus Becker

[45] 1810 der Weiße Sonntag, damit wahrscheinlich die Erstkommunikanten des Jahres.
[46] Der Weiße Sonntag des Jahres und damit vermutlich die Erstkommunikanten des Jahres bis S. 87: Sybilla Menner.

Henricus Braun
Wilhelmus Cleve
Peter Joseph Curt
Godfrid Curt
Bertram Kraheck
Joannes Franciscus Cleve
Peter Joseph Ballensiefen
Henricus Velten
Godfrid Hüsch
Jacob Görgens
Henricus Klein
Conrad Joseph Schmitz
Martin Engel
Joan Philipp Klee
Matthias Mackenbach
Peter Joseph Bach
Joannes Reinerus Hohenforst
Wilhelm Serong

(S. 86)

1811, 21. Aprilis:
Joannes Philip Heller
Peter Joseph Schoster
Joannes Krages
Hubert Kraus
Sybilla Jung
Clara Schumacher
Sybilla Mint
Catharina Schoss
Gertrud Alefeld
Maria Gertrud Zahren
Anna Elisabeth Braschos
Helena Baum
Anna Margaretha Saur
Elisabeth Olbertz
Barbara Kneutgen
Helena Krieger
Maria Francisca Görgens
Joanna Sybilla Gammersbach

Helena Felten
Anna Maria Taff
Maria Catharina Beckers

(S. 87)

1811, 21. Aprilis:
Gertrud Happ
Helena Löltgen
Margaretha Bloch
Anna Catharina Palm
Maria Ursula Blum
Anna Maria Klein
Gertrud Klein
Anna Sybilla Klein
Sybilla Menner
15. Augusti:
Anna Margaretha Brenner, dicta Kemp
1812, 2. Februarii:
Theodorus Ness
Henricus Josephus Schumacher
Wilhelm Keller
Edmund Wolf
Franciscus Josephus Stöcker
Conradus Eulenbroch
Godefridus Schwerzgen
Maximilianus de Dorsten
Carolus Weschpfennig
Daniel Keller
Adolph Engelbert

(S. 88)

1812, 2. Februarii:
Sophia Schwerzgen, dicta Sterzenbach
Sybilla Hemgesberg, vidua Werner
Elisabeth Offermann
Margaretha Niesen
15. Augusti:
Joannes Kneutgen
Barbara Wackerzapp, dicta Büsgen

Maria Catharina Wallraf
Anna Maria Kayser
Aldegundis Spelt, vidua Zahren
Anna Margaretha Lammertz, vidua Klein
Sophia Becker, vidua Holzem
1813, 2. Februarii:
Paulus Kesseler
Jacob Winter
Maria Catharina Höger, dicta Schumacher
Catharina Schwellenbach
25. Aprilis[47]*:*
Anna Catharina Gehlen
Adelheidis Breunig
Josepha Schwaben

(S. 89)
1813, 25. Aprilis:
Petronella Gammersbach
Catharina Brenners
Maria Gertrudis Ness
Catharina Saur
Helena Felder
Joannes Petrus Becker
Petrus Josephus Dietzgen
Petrus Becker
Wilhelmus Klein
Andreas Birkenbusch
Henricus Neff
Henricus Taff
Carl Philipp Schoss
Henricus Knöppel
Petrus Esser
Joannes Petrus Blum
Joannes Krebs

(Helena Felder bis Joannes Krebs:) Primo communicantes

[47] Am Weißen Sonntag wurden offensichtlich auch solche aufgenommen, die nicht zur Erstkommunion gingen, denn die Klammer beginnt eindeutig bei Helena Felder. Hier könnte ein Vergleich mit den Taufregistern weiterhelfen. Die sieben vorweg genannten Frauen sind aber noch nicht verheiratet, denn sonst stünde *vidua* oder *dicta* mit ihrem Mannesnamen dabei.

Martinus Pohl
Joannes Paul Pleis
Petrus Josephus Reuter
— Primo communicantes

(S. 90)

1813, 25. Aprilis:

Joannes Schumacher
Wilhelmus Lichtenberg
Wilhelm Josephus Edeler
Joannes Josephus Gierlach
Franciscus Petrus Brambach
Joannes Schmitz
Joannes Zahren
Joannes Franciscus Willekomsfeld
Georgius Wertz
Alexander Philippus Werner
Walburgis Junkersfeld
Anna Catharina Bach
Maria Catharina Stöcker
Helena Becker
Anna Sophia Weiser
Anna Maria Menner
Anna Maria Bach
Maria Adelheidis Kraus
Agnes Thomas
Joanna Gertrudis Hagen
Anna Maria Michels
Anna Catharina Noe
— Primo communicantes

(S. 91)

1813, 15ta Augusti:

Josephus Draesbach
Andreas Klein
Christoph Aumann
Catharina Hombitzer
Elisabeth Zuttmann
Maria Anna Rein
Sybilla Aumann, dicta Lucht
Sybilla Bahn

Gertrudis Braun, dicta Breuer
1814, 17. Aprilis:
Franciscus Petrus Rolandus Breidt
Ludwig Palm
Joannes Petrus Saur
Joannes Theodorus Trompertz
Mathias Bloch
Henricus Flögerhöfer
Henricus Gierlach
Anselm Breidt

(S. 92)

1814, 17. Aprilis:

Joannes Brenner Hermann Joseph Treuer Theodor Schumacher Joannes Henricus Blesen Jacobus Werdain Conrad Joseph Schmitz Mathias Helt Joannes Henricus Gehlen Henricus Schopp Joannes Christophorus Strausfeld Joannes Ambrosius Hansen Servatius Narres Joannes Franciscus Alfter Henricus Zuttmann Henricus Josephus Marnach Petrus Spony Elisabeth Happ Maria Joanna Margaretha Saur Christina Wingen	Primo communicantes

(S. 93)

1814, 17. Aprilis:

Agnes Zimmermann Mariba Margaretha Brenner Anna Barbara Klein Maria Josepha Ness	Primo communicantes

Maria Theresia Schmitz Elisabeth Krieger Elisabeth Felder Anna Elisabeth Serong Maria Elisabeth Cleve Theresia Weiler Anna Gertrudis Kneutgen Margaretha Schmitz Anna Catharina Weinreis Theresia Schwaben Maria Anna Birgitta Sybel	Primo communicantes

15. Augusti:
Anna Catharina Zimmermann, dicta Wielpütz
Sybilla Severin
Maria Magdalena Bollings, dicta Kraus
Anna Christina Lohmar

(S. 94)

1814, 15. Augusti:
Sybilla Sassenberg
Mechtildis Gödderz
Theresia Schmitz
Veronica Saur

(S. 95)

1815, 22da Augusti[47a]*:*
Christianus von Dahl[48], miles veteranus ex Saren prope Mulhelm ad Ruhram.
1816, die 2. Februarii:
Petrus Wilhelmus Birkhauser ex Droisdorf[49], studiosus linguae latinae hic Siegburgi
eadem Barbara Wasserherbst, condicta Keller
eodem[50] *anno, Dominicain albis, quae erat dies 21. Aprilis, ea die ad*

[47a] Ab hier führte bis S. 124, 20. 8. 1832, der Pfarrer Johann Wilhelm Eskens das Bruderschaftsbuch.
[48] ... Soldatenveteran aus Saarn bei Mülheim an der Ruhr.
[49] ... Student der lateinischen Sprache hier in Siegburg.
[50] In demselben Jahr (1816) baten am Weißen Sonntag, welches der 21. April war, die zur ersten heiligen Kommunion zugelassenen der Zahl der Sodalen beigeschrieben zu werden; es sind dies: ...

1mam sanctam Communionem admissi, petierunt adscribi numero sodalium confraternitatis J. M. J. sequentes:
Peter Joseph Görgens
Ferdinand Cerong
Conrad Becker
Adolph Becker
Frans Jacob Becker
Frans Joseph Kraus
Joannes Saur
Moriz Hohn

(S. 96)

1816:
Peter Joseph Hagen
Joann Wilhelm Breunig
Joannes Cerong
Peter Raderschatz
Anton Welter
Joan Neff
Wilhelm Kraeck
Wilhelm Winkel
Jodocus Schwippert
Joannes Gresser
Georg Klein
Michael Willkommsfeld
Adolph Klein
Laurenz Krumbach
Joseph Kneutgen
Petrus Dreck
Petrus Stark
Adolph Kreps

(S. 97)

1816:
Agnes Becker
Anna Maria Gerlach
Sibilla Francisca Nockher
Elisabeth Gerlach
Elisabeth Marnach

Christina Schoss
Anna Maria Saur
Barbara Cremer
Gertrud Krieger
Helena Ness
Maria Catharina Postbach
Catharina Pleiss
Gertrud Bach
Gertrud Trompetter
Elisabeth Severin
Christina Müllers
Elisabeth Klein
Margaretha Kneutgen
Gertrud Grimberg
Catharina Grimberg
Anna Maria Büsgen

(S. 98)

1816:
Anna Catharina Liermann
Gertrud Clasen von Mühldorf
Anna Catharina Hombach

1817[51], pridie festi B.M.V. assumptae, ex parvulis illis, qui eo anno in Paschate ad 1mam Communionem admissi fuerant, petierunt adscribi confraternitati J. M. J. sequentes:

Joan Klein von Wolsdorf
Joannes Görgen Kraus, aus der Aulgass
Joannes Joseph Schopp vom Driesch
Franz Joseph Kurth aus der Aulgass
Joan Bloch vom Stallberg
Wilhelm Schmitz vom Driesch
Christoph Wahl aus der Stadt
Henrich Lucht von Wolsdorf
Joan Böckem aus der Aulgass
Henrich Becker aus der Aulgass

---

[51] 1817 baten am Vortag des Festes Mariä Himmelfahrt von den Kindern, die im gleichen Jahr an Ostern zur ersten Kommunion zugelassen worden waren, um Aufnahme in die Jesus-Mariä-Josef-Bruderschaft.

(S. 99)

1817:

Elisabeth Wieser aus der Stadt
Margaretha Saffig vom Markt
Adelheid Weiler vom Markt
Maria Anna Kraus aus der Aulgaß
Veronica Frey vom Stallberg
Margareth Brenner vom Stallberg
Anna Margareth Brenner vom Driesch
Francisca Engels von Wolsdorf
Elisabeth Winter von Wolsdorf
Anna Maria Wilms von Wolsdorf
Mechtildis Brodesser aus der Holzgaße
Anna Maria Held vom Drisch
Gertrud Lief aus der Mühlengaß
Clara Schmitz aus der Holzgaß
Elisabeth Marnach vom Ledermarkt
Catharina Esser aus der Holzgaß

Festo[52] *B.M.V. assumptae 1817 inscripti fuerunt sequentes:*

Henricus Brodesser aus der Aulgasse
Anna Margaretha Brambach, condicta Knott aus der Aulgasse

(S. 100)

1817, festo Omnium Sanctorum:

Gerard Brambach aus der Stadt
Joan Klein aus der Stadt

23. Decembris:

Maria Magdalena Auer, condicta Péiriaux ex civitate

eadem

A. R. D. Neuenhaus[53], presbyter, natus in Münchengladbach

1818, in congregatione semestri festo Purificationis B. M. V., die 2. Februarii:

Gertrudis Ofer, puella von Uhlerath
Margaretha Ofer, ejus soror

---

52 Am Fest Mariä Himmelfahrt wurden 1817 folgende aufgenommen: . . .

53 Weder bei Janssen-Lohmann, noch bei Torsy zu finden. Neuhaus kommt öfter vor, aber entweder ist der Namensträger nicht in Mönchengladbach geboren, oder die Angabe des Geburtsortes fehlt. Da hier der Vorname nicht genannt ist, kann zunächst zu seiner Person weiter nichts gesagt werden.

Joannes Lohmar, ex civitate
Joan Raderschatz ex civitate
Joannes Keller vom Driesch
Catharina Krieger ex civitate
Georg Krieger, pater praecedentis

1818[54]; parvulos ad 1mam Communionem admissos, deque oneribus et gratiis hujus confraternitatis iterato instructos, volentes, scientes et petentes aggregavi sequentes:

(S. 101)

1818:

Peter Joseph Pleis ex civitate
Franciscus Mai, idem
Ferdinand Nockher –
Peter Joseph Sudmann –
Hilarius Dreesen –
Tillmann Hennes –
Adolph Hansen –
Frans Joseph Schumacher –
Wilhelm Narres –
Wilhelm Keller –
Adolph Alfter –
Frans Joseph Cremer –
Joan Ferdinand Breit aus der Mühl
Henrich Panzenello vom Driesch
Frans Joseph Junckersfeld aus der Aulgass
Peter Joseph Lammerts vom Tönnesberg

puellae:

Catharina Gerlach ex civitate
Wilhelmina Schwaben, idem
Wilhelmina Hagen –

(S. 102)

1818:

Christina Werth ex civitate
Barbara Ness

---

[54] 1818; folgende Kinder, die zur Erstkommunion zugelassen wurden, und die wiederholt über die Pflichten und Gnaden dieser Bruderschaft belehrt wurden, habe ich mit ihrem Willen, Wissen und auf ihre Bitten hin aufgenommen:

Wallburgis Saur –
Anna Maria Becker –
Thecla Ries
Anna Maria Grimberg vom Driesch
Anna Maria Schmitz idem
Catharina Schopp –
Anna Maria Keller –
Theresia Wilms von Wolsdorf
Margaretha Lucht idem
Theresia Clasen von Mülldorf
Elisabeth Bloch vom Stallberg
Anna Margaretha Hombitzer aus der Aulgass
Christina Fremgen aus der Aulgass
Elisabeth Kneutgen vom Driesch
Gertrud Schiefelbusch von Wolsdorf, filia Christiani
Maria Elisabeth Felder vom Driesch
Elisabeth Bach vom Driesch

(S. 103)

1818, in congregatione semiannuali festo B.M.V. assumptae:
Margaretha Berg
Anna Catharina Brenners
Anna Maria Görz
1819[55]*, die 18. Aprilis, qua die parvuli ad 1mam communionem admittebantur:*
Petrus Klein von Wolsdorf
Joan Schneller aus der Aulgass
Matthias Becker aus der Mühlengaß
Joan Kurth von der Steinbahn
Joseph Mai vom Markt
Balthasar Poel aus der Holzgaß
Georg Frank an der Maur
Joan Kneutgen vom Driesch
Bertram Aumann von Wolsdorf

55 1819, am 18. April, dem Tage, wo die Kinder zur Erstkommunion zugelassen wurden: (1819 fiel Ostern auf den 11.4.; der Weiße Sonntag war also am 18.4.).

Joseph Krebs ex Aulgass
Wilhelm Breunig aus der Holzgaß
Caspar Schumacher vom Tönnesberg

(S. 104)

1819:

Franz Schwarz vom Beu
Joan Werdein – Holzgaß
Joseph Kraus – Aulgass
Wilhelm Joseph Keller – Holzgaß
Adolph Stuf – Markt
Adam Muller – Aulgass
Adolph Emmerich – Stallberg
Matthias Kraus – Aulgass
Thekla Reichardts – Holzgaß
Theresia Strausfeld – Wolsdorf
Veronica Phlögerhöver – Wolsdorf
Margaretha Festers – Caldauen
Helena Welter – prope Ecclesiam
Jacobina Godderts – Cölnpforts
Catharina Kraus – Mülldorf
Gertrud Wimmer – Steinbahn
Christina Cramer – Ranzel
Barbara Böckem – Aulgass
Helena Dreesbach – Neuenweeg

(S. 105)

1819:

Anna Maria Geehlen vom Driesch
Maria Anna Severin – Stallberg
Anna Maria Schmitz – Driesch
Veronica Michels – Steinbahn
Scholastica Balensiefer – Driesch
Anna Maria Löltgen – Beu
Josepha Blaser – Mühlengass
Margaretha Limberg – Holzgaß
Barbara Raderschatz – Holzgaß

accessere[56] *ex annis anterioribus:*

Adelheid Wieser – Tönnesberg

Elisabeth Wurms – Holzgass
item Gertrud Engelberts – Aulgass

(S. 106)

1820, die 2. Februarii, festo Purificationis B.M.V., in congregatione semiannuali:

Ernestus Richartz ex Aulgass

13. Januarii

Philipp Hombitzer ex Aulgass

8. Decembris

Josephina Baum von Waldbroel

1821, die 2. Februarii, festo Purificationis B.M.V., in congregatione semiannuali:

Anna Gertrud Halm
Marie Cathrin Birkhauser } von Busdorf
Joannes Leyendecker von Stieldorf, famulans in civitate
Joan Peter Knöppel
Wilhelm Kraus ex Troisdorf, famulans hic
Joan Peter Hallberg ex Siegburg Mülldorf
Petrus Pasbach, natus in Lindlahr, habitans hic in civitate

(S. 107)

1821, die qua pagina antea:

Joseph Grunewald ex Lindlahr, habitans in civitate

4. Februarii:

Adolph Arnold aus Seeligendahl

18. Februarii:

Petrus Arnold
Maria Sibilla Meurer, uxor prioris } aus tem Dahl
Petrus Klein, von der Steinbahn
Barbara Frank, condicta Böckem

1. Aprilis:

Ursula Veith von Troisdorf

6. Maj[57] *petierunt adscribi et admissae sunt eo anno ad sanctam Communionem admissae:*

---

[56] Aus früheren Jahren sind beizufügen.

[57] Am 6. Mai baten um Aufnahme, die ihnen gewährt wurde; es sind folgende in diesem Jahr zur heiligen Kommunion zugelassene:

Veronica Weidgen
Sophia Brodesser
Anna Maria Froemgen
Elisabeth Kurth

20. Maji:

Gertrud Steeger von der Scheiderhöhe

31. Maji:

Susanna Brambach ex Müldorf

11. Junii:

Anna Maria Modené
Helena Narres
} ambo ex civitate

23. Julii:

Peter Bergheim von Rheindorf

2. Augusti:

Gertrud Rings

(S. 108)

1821, 15. Augusti in congregatione semiannuali:

Petrus Lövenich

14. Octobris:

Francisca Bengel
Caspar Klein vom Driesch
Gertrud Schmitz vom Driesch
Catharina Klein vom Driesch

18. Novembris:

Sibilla Margaretha Steinbor, condicta Klein
Elisabeth Zimmermann vom Pflögerhof
Christina Bloch vom Stallberg
Sibilla Trompetter vom Stallberg
Catharina Fuchs, ludimagistra inferior[58]

16. Decembris:

Catharina Bachs, condicta Baujan

1822, die 1ma Januarii:

Maria Anna Fuchs, ludimagistra superior[59]

Die 2. Februarii, festo Purificationis B.M.V., in congregatione semiannuali:

---

[58] Lehrerin, wohl für die Unterstufe.

[59] Lehrerin, wohl für die Oberklasse. Wahrscheinlich Schwester der oben genannten Katharina Fuchs.

D. Christianus Franciscus Stolze, professor[59a]
Sebastianus Schmitz
Petrus Severin
Gertrud Müllers ex Caldauen
Hilarius Schumacher

(S. 109)

1822:
Elisabeth Bach, condicta Probst
Sibilla Francisca Schopp
Anna Maria Rings, condicta Gerlach
3. Februarii:
Anna Maria Heider
Elisabeth Cleve
Margaretha Laufenberg von Busdorf
Catharina Wirges von Bödingen
Christina Kraus aus der Aulgass
Maria Anna Meinwegen von Caldauen
21. Martii:
Wilhelm Röthger ex civitate
25. Martii, festo Annuntiationis B.M.V.:
Christina Kurth von der Steinbahn
14. Aprilis, die Communionis parvulorum:
Elisabeth Franken
Margaretha Hansen
Anna Maria Happ
Margareth Bach
Catharina Cerong
Sophia Knott
Margaretha Boekem
21. Aprilis:
Anna Maria Carels
26. Julii:
Joan Georg Saffig

(S. 110)

1822, 15. Augusti, festo Assumptionis B.M.V.:
Joan Antonius Kiehl

[59a] Wohl Gymnasialprofessor an der Siegburger Lateinschule.

1823, 2. Februarii, in congregatione semestri:
Gerard Klei
20. April:
Maria Anna Neuhäuser
8. Juni:
Theresia Schumacher
17. August:
Adam Dreck ex civitate
Joseph Richarz ex eadem
Gerhard Busch ex civitate
Catharina Kleys ex Aulgasse
Helena Kneutgen ex Dreys
Catharina Kneutgen ex Dreys
Catharina Cerong ex Dreys
29. December:
Joanna Marites ex Merheim
Elisabeth Böckem ex Aulgasse
Francisca Schmitz ex Aulgasse

(S. 111)

1823, 29. December:
Margaretha Esser ex Holzgasse
Elisabeth Schneller ex civitate
1824, 2. Februarii, in die congregationis semestris:
Clara Dreck, nata Schofer ex Holzgass
15. Februarii:
Margaretha Cremer
Barbara Cremer
25. April:
Sophia Hansen
Josepha Kesseler
Gertrud Huthmacher
Catharina Gerlach
Catharina Bach
Margaretha Busch
Anna Maria Noe
Helena Fushöller
Josepha Harf
Catharina Schwerzgen

Maria Anna Engels
Christoph Reuter
Jacob Wolf
Christian Schievelbüsch
Catharina Schütz

(S. 112)

1824, die 9. Maij:
Catharina Giesen
die 9. Juni:
Anna Cristina Gremich
Elisabeth Fuchs
die 12. Juni:
Catharina Gottschalk
die 20. Junii:
Hubertus Kissel
Wilhelm Rosbach
August Carels
die 15. Augusti 1824, in congregatione semiannuali:
Bertram Walterscheid
die 8. Decembris 1824:
Theresia Gerlach
1825, die 2. Februarii:
Anna Sibilla Sassenberg
Henrich Kümpel
Elisabeth Schumacher
Elisabeth Weiser
Christina Engels
Anna Maria Becker

(S. 113)

1825, die 18va Septembris:
Gertrudis Saur
20. November:
Agnes Roggeland, condicta Kieferpütz
1826, die 2. Februarii in congregatione semiannuali:
Joseph Karner
Joannes Schwarz
Henrich Gehlen

3. Aprilis:
Elisabeth Thelenberg
Catharina Hoff
Maria Catharina Nierschberg
Josephina Odendahl
Gertrud Schmitz
Catharina Fushöller
Gertrud Engels
Helena Schmitz
Gertrud Kesseler
Catharina Bertrand
Anna Maria Felder
Anna Maria Röttgen
Henrietta Schmitz

(S. 114)

1826:
Catharina Alessio
Clara Werz
Anna Maria Mackenbach
Elisabeth Michels
Sophia Giesen
Gertrud Fushöller
1826, die 15. Augusti, festo B.M.V. Assumptae, in congregatione semi-annuali:
Henrich Gerstdinger
Anna Maria Schiefelbusch
Margaretha Schneider
die 17. Septembris:
Philipp Dreesbach
Adolph Welter
Franz Joseph Gerlach
die 18. Decembris:
Paulus Königs
31. Decembris:
Ursula Engelbert
Elisabeth Cerong

(S. 115)

1827, 2. Februarii in congregatione semiannuali:

Gerard Braschoss, 16 annos
Peter Schifelbusch
Joan Braschoss
Anna Maria Mullers, condicta Pütz
Barbara Müller
Mechtildis Schmitz
Catharina Schmitz
Carolina Kreutz
Margaretha Klein
Gertrud Gödderts, condicta Wilms
Gertrud Keller
Carolina Nonn
Veronica Schwipperts, condicta Nonn
Henrich Brodesser
Moritz Schmitz
Wilhelm Schopp
Peter Schumacher
Henrich Falkenberg
Anna Maria Werdein
Anna Maria Cleve
Gertrud Klein, condicta Schumacher

(S. 116)

Continuatio 1827, 2. Februarii:

Barbara Strausfeld
Peter Joseph Bröcker
Roland Klei
Henrich Schmitz
Joan Wilhelm Klein
Christina Haupts
Henrich Klein
Margaretha Knithweis
Agnes Hagen
Elisabeth Krieger

1827, in congregatione semiannuali, festo B.M.V. Assumptae, 15 Augusti:
D. Franciscus Antonius Klose, regius[60] steurarum receptor
Joan Schumacher
Joan Cleve
Maria Anna Weiler
Margareth Raderschatz
Adolph Küpper
Wimar Schreckenberg
Henrich Henseler
Wilhelm Engelbert
Gertrud Ebels
Elisabeth Strass
Joan Heider
Henrich Weiss

(S. 117)

1827:
Margaretha Severin
Margaretha Gerlach
Joan Neff
Joan Müller
Dorothea Weiser
Carolina Dreesbach
Christina Werdein
Magdalena Titel
Christoph Asbach
Christina Saffig
Mari Anna Breunig
Helena Bach
Joan Schmitz
Elisabeth Bläser
Anna Maria Aumann
Catharina Brodesser
Catharina Esser
Joseph Brenner
Christina Müller

[60] Königlicher Steuereinnehmer; ein schönes Beispiel von Küchenlatein!

1828 in congregatione semiannuali festo Purificationis B.M.V.:
Henrich Müller
Anna Margaretha Sendscheid
Elisabeth Harth, condicta Saur
Gertrud Schwipper
Anna Maria Klein
Margaretha Keller, condicta Geissel
Peter Pflögerhöver
Joan Courage
Moriz Schwertfechter
Laurenz Franz Ebel
Anna Sibilla Kraus, uxor Ebel
Joanna Florentina Josepha Senftleben, nata Tröster

(S. 118)

1828, die 15. Augusti, festo B.M.V. Assumptae in congregatione semiannuali admissi fuerunt:
Anton Klei von der Steinbahn
Michel Winterscheid von Wolsdorf
Peter Kemper von dito
Anton Schivelbusch von dito
Henrich Joseph Gerlach aus Siegburg
Catharina Bloch vom Stallberg
Elisabeth Herchenbach vom Tönnesberg
Elisabeth Walterscheid von Wolsdorf
Elisabeth Volberg vom Beu
Gertrud Stricker von Oberpleis
Gertrud Wildberg von Wolsdorf
Gertrud Schopp aus der Oelmühl
Carolina Junckersdorf von Siegburg
Helena Brambach von Siegburg
Jacob Wirz von der Mersch bei Jülich
Joann Fischer von Duna[61]
Barbara Schlich von Stieldorf
Anna Catharina Engelbert von Eitorf

[61] Da ein Klecks die Leserlichkeit stark beeinträchtigt, kann die Ortsangabe auch Dura und Onna heißen. Onna könnte dann eine Form von Unna sein.

(S. 119)

1829, festo Purificationis B.M.V. in congregatione semiannuali:

Christian Müller aus Siegburg
Bertram Alefeld aus dito
Anna Maria Catharina Isabella Junckersdorf
Maria Catharina Junckersdorf, nata Lob

1829, festo B.M.V. Assumptae, die 16. Augusti inscripti:

Margaretha Alfter, condicta Kiehl
Franz Peter Gerlach ex Siegburg
Martha Winterscheid
Peter Gesser
Franz Winter — ex Wolsdorf
Jacob Schivelbusch
Wilhelm Courager
Ferdinand Weinreiss — ex civitate
Alexander Charpentier
Michael Simon ex Aulgass
Catharina Feit, condicta Kurth ex Aulgass

(S. 120)

1830, festo Purificationis B.M.V. confraternitati nomen dederunt[62]*:*

Matthias Georgius Ries
Elisabeth Zimmermann
Jacob Buchholz
Elisabeth Koch, condicta Ries

Festo Assumptionis B.M.V., die 15. Augusti 1830:

Catharina Aumann ex civitate
Christina Junckersfeld, dito
Magdalena Schumacher von Wolsdorf
Margaretha Schivelbusch, dito
Barbara Walterscheid, dito
Philippus Hohn vom Driesch
Peter Winterscheid von Wolsdorf
Matthias Walterscheid von Wolsdorf
Elisabeth Schmitz, condicta Flamm
Gerard Flamm ex Holzgass
Elisabeth Koch ex civitate

[62] 1830 gaben am Fest Mariä Reinigung der Bruderschaft ihren Namen an:

Gertrud Ries, idem
Gertrud Bröhl, idem
Theresia Felten, idem
Gertrud Trenk ex civitate

(S. 121)

1830, 22. Augusti:
Helena Rösgen vom Brunshof
1831, 2. Februarii, festo B.M.V. Purificatae:
Carolina Dreck
Apollonia Heinens
Anna Maria Mint
21. Augusti, festo B.M.V. Assumptae:
Francisca Fischer
Carolina Fusshöller
Elisabeth Braschoss
Elisabeth Schwarz
Gertrud Wilms
Margaretha Kuttenkeuler
Gertrud Pohl
Gertrud Henseler
Gertrud Sporring
Augustin Winterscheid
Henrich Schmitz
Henrich Als
Christian Phlögerhöver

(S. 122)

Franz Joseph Nirschberger
Jacob Thelenberg
Peter Theodor Lövenich
Christina Mackenbach
Gertrud Gerlach
Joan Becker
Anna Maria Becker, nata Lohr
Henrich Jansen
Margaretha Broghausen
Matthias Becker
Gertrud Halm

16. Octobris 1831:
Elisabeth Schmitz
1832, festo Purificationis B.M.V.:
Joseph Bach
Wilhelm Hagen
Joan Knithweis
Henrich Fusshöller
Petrus Rings
Anna Catharina Kraus

(S. 123)

Christina Baujan
Petrus Ludwig
Gertrud Alfter
Gertrud Klein
Christina Gehlen
Agnes, nata Sterzenbach
Henrich Weiser
Wilhelm Engels
Sebastian Winterscheid
Adolph Hüllenbach
Henrich Klein
Theodor Görz
Ignaz Conzen
Francisca Josepha Als
Christina Brenner
Margaretha Brenner
Adolph Brenner
Anton Klei
Helena Emmerich
Elisabeth Kuttenkeuler
Ann Francisca Koch
Sibilla Schmitz

(S. 124)

Elisabeth Nonn
Gertrud Schifelbusch
Gertrud Wilms
Gertrud Engelbert

1832, festo B.M.V. Assumptae, die 20. Augusti:
Margaretha Krebs
Maria Catharina Lövenich
Elisabeth Koch
Maria Richartz
Anna Maria Knithweis
Margaretha Klein
Gertrud Gehlen
Elisabeth Hansen
Antonetta Fischer
Theresia Holtschein
Theresia Fusshöller
Elisabeth Esser
Catharina Braschoss
Franz Wilhelm Rings
Hermann Odendahl
Michael Nurten

(S. 125)

1833, in festo Purificationis B.M.V.[63]*:*
Agnes Gerlach
Joannes Lammertz
Franz Crumbach
Sebastian Wingen
Conrad Eulenbroich
Heinrich Müller
Johannes Müller
Friedrich Nonn
Wilhelm Busch

1833, in festo B.M.V. Assumptae[64]*:*	*Jahre alt*
Heinrich Knott	13
Peter Falkenberg	15
Gerhard Schmitz	15
Anton Klein	18

[63] Ab hier bis Wilhelm Busch sind die Eintragungen wahrscheinlich von Kaplan Johann Hertel gemacht worden. Von gleicher Hand sind die Eintragungen im Taufbuch 1833, 14. 1. bis 22. 6.

[64] Von hier bis Ende trug der Pfarrer Johann Baptist Engelmann die Mitglieder ein.

Max Fusshöller	11
Joseph Schmitz	13

(S. 126)

	Jahre alt
Franz Hönen	12
Christian Pöckel	15
Peter Cremer	41
Gertrud Schmitz	12
Margaretha Schmitz	13
Catharina Bloch	36
Elisabetha Rings	17
Ursula Pöckel	13
Catharina Berger	20
Elisabeth Raderschatz	14
Elisabeth Baugann	15
Barbara Winterscheid	14
Elisabeth Hachenbach	19
Susanna Herchenbach	13
Maria Schumacher	12
Anna Gertrud Schumacher	14
Elisabeth Schmitz	41

(S. 127)

1834. In festo Purificationis B.M.V.:	*Jahre alt*
Johann Winter	19
Elisabeth Brodesser	18
Maria Anna Flögelhöfer	40
Heinrich Fresberg	13
Agnes Brenner	15
Maria Rhein	15
Catharina Koch	17
Helena Lammerts	25
Sibilla Lammerts	19
Gertrud Kraheck	21
In festo Assumptionis anni 1834:	
Matthias Bloch	33
Agnes Göder	

(S. 128)

In festo Purificationis B.M.V. 1835:

Catharina Heidemann	17
Josepha Knott	12
Margaretha Stross	13
Maria Asbach	15
Margaretha Michels	13
Elisabeth Fusshöller	12
Florentina Felten	20
Gertrud Becker	13
Catharina Brodesser	18
Agnes Winterscheid	14
Sibilla Knott	12
Peter Haupt	16
Joseph Brenner	15
Jacob Thelenberg	16
Elisabeth Welter	18
Sophia Laurenberg	24
Helena Bornheim	15
Heinrich Wilhelm Bornheim	13

(S. 129)

1835	*Jahre*
Maria Anna Brambach	16
Carolina Kiel	13
Andreas Franz	13
Catharina Klein	14
Helena Fusshöller	13
Maria Werheit	11
Neocommunicantes	
Maria Brambach	12
Carolina Seber	12
Catharina Klein	12
Gertrud Fusshöller	12
Wilhelmina von Ley	12

(S. 130)

Zur 1. hl. Kommunion wurden im Jahre 1838 angenommen:

1)	Johann Severin	geb.	24. April	1826
2)	Joseph Werheit	„	29. März	idem
3)	Franz Joseph Müller	„	3. September	1825
4)	Caspar Joseph Kahl	„	11. September	1825
5)	Franz Joseph Engels			
6)	Franz Joseph Klein	„	17. Juni	idem
7)	Wilhelm Joseph Felders	„	20. Juli	idem
8)	Georg Werth	„	24. Mai	idem
9)	Johann Peter Becker	„	25. Oktober	1824
10)	Wilhelm Sauer	„	13. Juli	1825
11)	Carl Brambach	„	13. Mai	idem
12)	Johann Busch	„	4. Mai	idem
13)	Heinrich Hagen	„	28. Februar	idem
14)	Anton Keller	„	24. id.	idem
15)	Wilhelm Keller	„	16. id.	idem
16)	Heinrich Werheit	„	27. Januar	idem
17)	Heinrich Winterscheid	„	28. Dezember	1824

(S. 131)

Ferner:

18)	Ferdinand Braschoss	geb.	2. November	1823
19)	Peter Kraft	„	15. October	1824
20)	Johann Esser	„	2. October	idem
21)	Carl Verhegen	„	26. August	idem
22)	Laurenz Ries	„	26. Juli	idem
23)	Franz Schmand	„	4. Januar	1823
24)	Johann Böcker	„	20. Juli	1824
25)	Peter Wilhelm Becker	„	15. April	idem
26)	Robert Eulenbroch	„	13. Februar	1825
27)	Jacob Broch	„	30. März	idem
28)	Jacob Overath	„	26. December	1824
29)	Johann Wilhelm Willberg	„	20. October	idem
30)	Johann Neff	„	19. September	idem
31)	Martin Becker	„	29. Juni	idem
32)	Theodor Schwipper	„	26. Mai	idem
33)	Peter Klein	„	November	idem

(S. 132)

Ferner:

34)	Adolph Dahmen	geb.	11. März	1824
35)	Wilhelm Kurth	„	19. Januar	idem
36)	Franz Joseph Baum	„	31. October	1823
37)	Peter Joseph Schmitz	„	1. Mai	idem
38)	Franz Joseph Dreesbach	„	6. December	idem
39)	Andreas Fusshöller	„	17. December	1825
40)	Caspar Joseph Breidbach	„	10. October	idem
41)	Jakob Görgens			
	Mädchen:			
1)	Magdalena Als	„	9. Januar	1826
2)	Christina Zündorf	„	9. October	1825
3)	Margaretha Schmitz	„	5. August	idem
4)	Margaretha Herkenhöhner	„	28. April	idem
5)	Josepha Schütz	„	5. April	idem
6)	Sibilla Wingendorf	„	25. März	idem
7)	Helena Richarz	„	31. März	1824
8)	Francisca Falkenberg	„	16. Februar	1825

(S. 133)

Ferner:

9)	Catharina Rings	„	10. Februar	1825
10)	Catharina Heinberg	„	10. August	1824
11)	Catharina Arenbrecht	„	25. December	idem
12)	Margaretha Winterscheid	„	3. October	1825
13)	Catharina Dietzgen (vulgo Schell)			
14)	Gertrud Lammertz	„	26. November	1824
15)	Sibilla Müller	„	4. Januar	1825
16)	Margaretha Schwerdtfechter	„	5. October	1824
17)	Margaretha Flögerhöfer	„	25. April	1825
18)	Theresia Winter	„	9. April	idem
19)	Maria Herchenbach	„	17. August	1823
20)	Mechtildis Brodesser	„	28. Mai	idem
21)	(Margaretha Müller)			
22)	Gertrud Haas	„	9. Juli	1825
23)	Ursula Herchenbach	„	21. September	1825
24)	Christina Zackell	„	15. April	idem

(S. 134)

1843 in festo Purificationis:
Conrad Dahl
Sibylla Schreckenberg
Sophia Nonn
Theresia Knott
Maria Theresia Courage
Margaretha Müller

———

Gertrud Klein
Maria Weiss
Maria Elisabeth Robens
Catharina Flach, geb. Schmitz
Elisabeth Schreckenberg
Anna Christina Holz
Francisca Buchholz
Anna Christina Alefeld
Josephina Rüber
Margaretha Stross

NAMENREGISTER

C und K

G, s. auch J

H

S

T

ORTSREGISTER

ERSTKOMMUNIKANTEN

Folgende Jahrgänge werden in unserem Bruderschaftsbuch erwähnt:

VARIA

SIEGBURGER STUDIEN

bisher erschienen:

I **Gabe zum silbernen Abtsjubiläum von Abt Ildefons Schulte Strathaus.**
136 Seiten, 12 Bildtafeln. 1960. Broschiert DM 10,50.

Inhalt: Wunibald Weber OSB, Strathaus.
Jakob Torsy, Die drei letzten Abtswahlen in der alten Abtei Siegburg.
Wilhelm Bers, Der letzte Abt von Siegburg bei der Aufhebung der Abtei im Jahre 1803.
Placidus Mittler OSB, Zwei Handschriften mit dem Offizium zu Ehren des hl. Erzbischofs Anno v. Köln.
Rhaban Haacke OSB, Die weite Verbreitung der Schriften eines Siegburger Mönches: Rupert von Deutz.
Mauritius Mittler OSB, Zur Geschichte der Abteibibliothek in Siegburg.

II **Placidus Mittler OSB, Melodieuntersuchungen zu den dorischen Hymnen der lateinischen Liturgie im Mittelalter.**
146 Seiten mit zahlreichen Notenbeispielen. 1965. Broschiert DM 12,–.

III–V **Libellus de translatione sancti Annonis archiepiscopi et miracula sancti Annonis - Bericht über die Translation des heiligen Erzbischofs Anno und Annonische Mirakelberichte (Siegburger Mirakelbuch).**

Mit Beiträgen von Hans-Rudolf Fehlmann und Wolfgang Löhr herausgegeben von Mauritius Mittler.
Das Siegburger Mirakelbuch erschien in drei Faszikeln, die so eingerichtet sind, daß sie zu einem Band vereinigt werden können:

III Bericht über die Translation des heiligen Erzbischofs Anno und Annonische Mirakelberichte, Buch I und II.
150 Seiten. 1966. Broschiert DM 12,–.

IV Annonische Mirakelberichte, Buch III, IV, Nachtrag und Sondergut aus der Siegburger Handschrift des Zolner v. Bandt von 1744.
154 Seiten. 1967. Broschiert DM 12,–.

V Einleitung zum Siegburger Mirakelbuch; Wolfgang Löhr, Paläographische Untersuchung der Düsseldorfer Handschrift der Miracula Annonis; Hans Rudolf Fehlmann, Heilkundliche Kasuistik im Siegburger Mirakelbuch; mehrere Register.

158 Seiten, 2 Karten u. 13 Abb. auf 8 Tafeln. 1968. Broschiert DM 12,–.

VI/VII **Das Bödinger Memorienbuch.** Nach den Vorarbeiten von Dr. Joseph Walterscheid †, herausgegeben von Mauritius Mittler OSB.

404 Seiten Text, 1 Karte und 10 Abb. auf 8 Tafeln. 1971.
Broschiert DM 34,–, in Ganzleinen gebunden DM 38,50.

VIII **Mauritius Mittler OSB, Studien zur Geschichte der Siegburger Abteibibliothek, mit einem Beitrag von Joachim Vennebusch.**

XII und 140 S., 35 Abb. auf Tafeln, Karte und 15 Fig. im Text. 1974.
Broschiert DM 18,–.

Inhalt: Nachrichten zum Bestand der Siegburger Abteibibliothek in der ersten Hälfte des 16. Jahrhunderts aus einer Wiener Handschrift.
Siegburger Fragmente aus Handschriften des 13. und 14. Jahrhunderts (Vennebusch).
Zwei Fragmente liturgischer Handschriften der Abtei Siegburg aus dem 13. bzw. 14./15. Jahrhundert.
Siegburger Choralhandschriften aus dem 18. Jahrhundert.

IX **Rhaban Haacke OSB, Programme zur bildenden Kunst in den Schriften Ruperts von Deutz.**

66 Seiten, 24 Bildtafeln. 1974. Broschiert DM 12,–.

X **Vita Annonis minor - Die jüngere Annovita**
Lateinisch - deutsch

Herausgegeben von Mauritius Mittler.

XXXV Seiten Einleitung, 8 Abb., 226 S. Text und Register. 1975.
Broschiert DM 48,–.

XI **Beiträge zur Geschichte der Abtei Siegburg.**
Herausgegeben von Mauritius Mittler.

VIII u. 132 S., 22 Abb. 1977. Broschiert DM 24,50.

Inhalt: Kurt Niederau, Siegburger Konventualen. Anmerkungen, Ergänzungen und Berichtigungen zum Band „Siegburg" der „Germania Sacra".
Mauritius Mittler, Bücher der alten Abtei Siegburg.
Bilder der alten Abtei Siegburg.
Irmingard Achter, Das Bildnis des Siegburger Abtes Johann Speyart in Kaiserswerth.
Mauritius Mittler, Fragmente von zwei Siegburger Handschriften.
Norbert Eickermann, Erzbischof Anno II. von Köln als Dichter.

XII **Das Siegburger Lektionar.**
Herausgegeben von Mauritius Mittler.
XXVI und 140 S., 5 Abb. auf Tafeln, 12 Farbbilder im Text. 1979.
Broschiert DM 32,50.

XIII **Mauritius Mittler OSB, Untersuchungen zur Siegburger Liturgie I.**
XVI u. 142 S. 1981. Broschiert DM 28,80.
Inhalt: Der Siegburger Festkalender um 1200.
Die Siegburger Psalterien von Nancy und Wien.
Der Siegburger Reliquienschatz.

XIV **Museum der Abtei Siegburg, Katalog.**
Unter Mitarbeit von Irmingard Achter, Norbert Kühn und Placidus Mittler herausgegeben von Mauritius Mittler.
124 S., 31 Abb. auf 16 Tafeln. 1983. Broschiert DM 10,–.
Vollständiger Führer durch das am 22. April 1983 eröffnete Abteimuseum mit folgenden Artikeln:
Zur Entstehungsgeschichte und Konzeption des Abteimuseums in Siegburg (N. Kühn).
Gründung: Anno, Zeittafel zur Geschichte Siegburgs, Siegburger Äbte.
Besitz: Die Propsteien, Siegburger Reformbewegung.
Geistiges Leben: Rupert von Deutz.
Neubeginn, Zerstörung, Wiederaufbau.
Bauplastik und Skulpturenfragmente (I. Achter u. N. Kühn).
Siegburger Madonna.
Siegburger Bücher: Handschriften, Schablonenschriften, Drucke.
Kurzer musikgeschichtlicher Überblick (P. Mittler).
Siegburger Siegel.

XV **Mauritius Mittler OSB, Untersuchungen zur Siegburger Liturgie II,**
Weihnachtsfestkreis (Weihnachtsvigil bis Mariä Lichtmeß).
XIV u. 120 S. 1984. Broschiert DM 28,80.

XVI **Siegburger Vorträge zum Annojahr 1983.**
Herausgegeben von Mauritius Mittler OSB.
X u. 114 S. 1984. Broschiert DM 12,–.
Inhalt: Rudolf Schieffer, Erzbischof Anno von Köln zwischen König und Papst.
Salome Solf, Das Annolied.
Mauritius Mittler, Annos Heiligsprechung und Verehrung.
Toni Diederich, Erzbischof Anno als Stadtherr von Köln.
Heinz Kurth, Das Hochstift Bamberg.

Am 29. April 1983 waren es 800 Jahre her, daß der Gründer der Abtei Siegburg, Erzbischof Anno II. von Köln, in der Siegburger Abteikirche von zwei päpstlichen Legaten heiliggesprochen wurde. Dies war für Stadt und Abtei Siegburg Anlaß, im Verlauf des Jahres 1983 in vielfältiger Weise zu gedenken. Die in diesem Heft veröffentlichten Vorträge wurden in Zusammenarbeit mit dem Geschichts- und Altertumsverein für Siegburg und den Rhein-Sieg-Kreis von der Rhein-Sieg-Volkshochschule veranstaltet.

XVII Maria Lodovica Arduini, Neue Studien über Rupert von Deutz.

XVIII, 188 S. 1985. Broschiert DM 32,80.

Sieben Beiträge sind gleichsam sieben Wege, die sorgfältig in die Probleme der Geisteskämpfe an der Wende zum 12. Jahrhundert einführen und die große Bedeutung Ruperts als Vorläufers des hl. Bernhard erkennen lassen: Begegnung mit der Frühscholastik der Schule von Laon und Abälard - die Inquisition in Lüttich - Kommentar zur Benediktsregel - Analogie zum Liber Quare - die Jungkluniazenser in Lüttich - Mönche als Nachfolger der Apostel - Gespräch mit den Juden seiner Zeit.

Beigegeben ein Verzeichnis der Werke Ruperts und ein Namensregister.